世紀
人物100

科學界的明珠

居禮夫人

石家興　著
簡　宛

三民書局

獻給孩子們的禮物

主編的話

　　世界上最幸福的孩子，是他們一出生就有機會接近故事書，想想看，那些書中的人物，不論古今中外都來到了眼前，與他們相識，不僅分享了各個人物生活中的點滴，孩子們的想像力也隨著書中的故事情節飛翔。

　　不論世界如何演變，科技如何發達，孩子一世幸福的起源，仍然來自於父母的影響，如果每一個孩子都能從小在父母親的懷抱中，傾聽故事，共享閱讀之樂，長大後養成了閱讀習慣，這將是一生中享用不盡的財富。

　　三民書局的劉振強董事長，想必也是一位深信讀書是人生最大財富的人，在讀書人口往下滑落的多元化時代，他仍然堅信讀書的重要，近年來，更不計成本，連續出版了特別為孩子們策劃的兒童文學叢書，從「文學家」、「藝術家」、「音樂家」、「影響世界的人」系列到「童話小天地」、「第一次」系列，至今已出版了近百本，這僅是由筆者主編出版的部分叢書而已，若包括其他兒童詩集及套書，三民書局已出版不下千百種的兒童讀物。

　　劉董事長也時常感念著，在他困苦貧窮的青少年時期，是書使他堅強向上，在社會普遍困苦，而生活簡陋的年代，也是書成了他最好的良伴，他希望在他的有生之年，分享這份資產，讓下一代可

以充分使用，讓親子共讀的親情，源遠流長。

「世紀人物 100」系列早就在他的關切中構思著，希望能出版孩子們喜歡而且一生難忘的好書。近年來筆者放下一切寫作，接下這份主編重任，並結合海內外有心兒童文學的作者共同為下一代效力，正是感動於劉董事長致力文化大業的真誠之心，更欣喜許多志同道合的朋友，能與我一起為孩子們寫書。

「世紀人物 100」系列規劃出版一百位人物故事，中外各占五十人，包括了在歷史上有關文學、藝術、人文、政治與科學等各行各業有貢獻的人物故事，邀請國內外兒童文學領域專業的學者、作家同心協力編寫，費時多年，分梯次出版。在越來越多元化的世界中，每個人都有各自的才華與潛力，每個朝代也都有其可歌可泣的故事，但是在故事背後所具有的一個共同點，就是每個傳主在困苦中不屈不撓，令人難忘的經歷，這些經歷經由各作者用心博覽有關資料，再三推敲求證，再以文學之筆，寫出了有趣而感人的故事。

西諺有云 ：「世界因有各式各樣不同的人群，才更加多采多姿。」這套書就是以「人」的故事為主旨，不刻意美化傳主，以每一位傳主的

生活經歷為主軸，深入描寫他們成長的環境、家庭教育與童年生活，深入探索是什麼因素造成了他們與眾不同？是什麼力量驅動了他們鍥而不捨的毅力？以日常生活中的小故事，來描繪出這些人物，為什麼能使夢想成真。為了引起小讀者的興趣，特別著重在各傳主的童年生活描述，希望能引起共鳴。尤其在閱讀這些作品時，能於心領神會中得到靈感。

和一般從外文翻譯出來的偉人傳記所不同的是，此套書的特色是，由熟悉兒童文學又關心教育的作者用心收集資料，用有趣的故事，融入知識，並以文學之筆，深入淺出寫出適合小朋友與大朋友閱讀的人物傳記。在探討每位人物的內在心理因素之餘，也希望讀者從閱讀中，能激勵出個人內在的潛力和夢想。我相信每個孩子在年少時都會發呆做夢，在他們發呆和做夢的同時，書是他們最私密的好友，在閱讀中，沒有批判和譏諷，卻可隨書中的主人翁，海闊天空一起遨遊，或狂想或計畫，而成為心靈知交，不僅留下年少時，從閱讀中得到的神交良伴（一個回憶），如果能兩代共讀，讀後一起討論，綿綿相傳，留下共同回憶，何嘗不是一幅

幸福的親子圖？

　　2006 年，我們升格成為祖字輩，有一位朋友提了滿滿兩袋的童書相送，一袋給新科父母，一袋給我們。老友是美國國家科學院院士，曾擔任過全美閱讀評估諮議委員，也是一位慈愛的好爺爺，深信閱讀對人生的重要。他很感性的說：「不要以為娃娃聽不懂故事，我的孫兒們一出生就聽我們唸故事書，長大後不僅愛讀書而且想像力豐富，尤其是文字表達能力特別強。」我完全同意，並欣然接受那兩袋最珍貴的禮物。

　　因為我們同樣都是愛讀書、也深得讀書之樂的人。

　　謹以此套「世紀人物 100」叢書送給所有愛讀書的孩子和家庭，以及我們的孫兒——石開文，他們都是世界上最幸福的孩子，因為從小有書為伴，與愛同行。

作者的話

　　第一次讀居禮夫人的傳記，是我的大學時代，那時對科學尚未入門，但為她一生的坎坷而感動。她出生波蘭，少年時代受到帝俄統治的壓迫，青年時期留學法國，在貧病困苦中，奮力苦學。與居禮先生相識後，兩人相知相投，結婚後生活雖幸福，但居禮先生不幸因車禍英年早逝，居禮夫人後來成就非凡，然而卻一直過著寂寞的生活，那時讀她的傳記，其實同情多於佩服。

　　到自己也從事科學專業，以科學為終身志業之後才真正感受到，居禮夫人的研究不落俗套，她能見人所未見，為人所未為，終於發現了鐳，並開發了輻射線的應用，其工作量之大之廣，非一般科學家所能及。因此，三年前當簡宛要我為小朋友寫故事時，我毫不猶豫，再次溫習她的傳記，撰寫了《陋室底下的光芒——居禮夫人的故事》，向小朋友介紹居禮夫人的故事與成就。這次為了「世紀人物100」的編寫，在20世紀有影響力的人物中，居禮夫人當然不能缺席，於是又

再次閱讀居禮夫人的生平。但是因為個人工作忙
碌，大部分為簡宛執筆，我負責科學部分
的正確性。

　　簡宛以女性的角度做為切入點，她
除了居禮夫人的傳記之外，又參考了有關
居禮夫人生平資料與有關史料。居禮夫人
感情內斂，外表冷靜，內心溫暖。特別提到
當年波蘭女性在求學與工作上的困境，她不僅同情失學的女工，並
為她們授課補習。為了受限女性不能在波蘭上大學，居禮夫人力求
上進，一心嚮往去法國深造；她犧牲自己求學的機會，先存錢幫姐
姐赴法國上大學，再等姐姐存夠錢後，自己才去法國求學。做為異
鄉人，居禮夫人那不屈不撓的毅力，不只是為自己，也是為她的家
人和祖國波蘭，令人感動。

　　居禮先生去世後，居禮夫人堅持自力更生而不領撫卹金，不僅
顯出她超然的個性，也突顯她在對當時不授予女性教職的社會，沉
默的抗議，身為諾貝爾獎得主，誰能說她不夠資格在大學執教？她
打破了男女不同的待遇，也樹立了她自尊自重的風範。她鍥而不捨
的研究，兩次獲得諾貝爾獎，是科學史上難得的殊榮。

　　這本書，從居禮夫人的童年到老年，從她的家居生活到科學研
究，我們看到一位站在時代尖峰的科學家，不僅具有超人的才智，

驚人的毅力，對科學研究的堅持與特立獨行的勇氣，還有她對祖國波蘭的熱愛，至今仍為波蘭人視為民族的驕傲，正如她在科學界所樹立的風格與貢獻，有如一顆閃亮的明珠，永遠閃爍光芒。

## 寫書的人

### 石家興

　　從小喜歡唱歌，也愛看電影，中小學時愛好收集電影故事，在臺大完成學士、碩士學位後，到美國康乃爾大學獲得博士學位。雖然學的是生物化學，但是對音樂與文學也很喜愛。兩個兒子小時候，最喜歡聽他編的睡前故事。

　　1976 年起任職於北卡羅來納州立大學，於 2009 年退休後任榮譽教授。發表過一百多篇有關生物科技的英文論文，並有十項技術專利，但最得意的是有一本中文著作——《牛頓來訪》以及兩本為小朋友寫的書——《細胞歷險記》和《陋室底下的光芒——居禮夫人的故事》，都在三民書局出版。

### 簡　宛

　　喜歡孩子，也喜歡旅行，雖然教育是專業，但寫作與閱讀卻是生活重心。除了散文與遊記外，也寫兒童文學，一共出版三十餘本書，曾獲中山文藝散文獎、洪建全兒童文學獎，以及海外華文著述獎，2000 年被選為專業人員名人榜 (Who's who)。近十年來為三民書局主編兒童文學叢書，多次得獎。她最大的心願是所有的孩子都能健康快樂的成長，並且能享受閱讀之樂。

## 科學界的明珠

# 居禮夫人

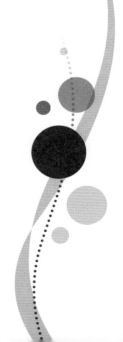

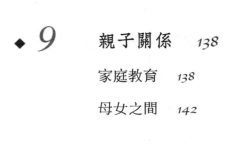

# 世紀人物 100

# 居禮夫人

*1867～1934*

# 前　言

　　波蘭首都華沙有一座癌症研究中心，在它林木環繞的花園裡，佇立著一座低頭沉思的雕像。這座雕像的神情堅定，展現出一股剛毅不屈的意志，在花團錦簇之中，格外引人注目。她，就是因為發現「鐳」元素而聞名於世的居禮夫人。

　　居禮夫人兼人妻、人母、科學家、醫護人員等等身分，可是她最為人所知，也最引以為傲的，無疑是科學家的頭銜——她是歷史上第一位兩度獲得諾貝爾獎＊，迄今仍是唯一一位曾經兩度獲得諾貝爾獎的女性。

　　19、20世紀的西方世界，如同傳統的中國，是由男性主導的社會，女性雖不至於「大

門ㄇㄣˊ不ㄅㄨˋ出ㄔㄨ　，　二ㄦˋ門ㄇㄣˊ不ㄅㄨˋ邁ㄇㄞˋ」　，　卻ㄑㄩㄝˋ多ㄉㄨㄛ半ㄅㄢˋ
被ㄅㄟˋ束ㄕㄨˋ縛ㄈㄨˋ在ㄗㄞˋ家ㄐㄧㄚ中ㄓㄨㄥ相ㄒㄧㄤ夫ㄈㄨ教ㄐㄧㄠˋ子ㄗˇ。　居ㄐㄩ禮ㄌㄧˇ
夫ㄈㄨ人ㄖㄣˊ是ㄕˋ如ㄖㄨˊ何ㄏㄜˊ在ㄗㄞˋ這ㄓㄜˋ種ㄓㄨㄥˇ處ㄔㄨˇ境ㄐㄧㄥˋ下ㄒㄧㄚˋ　，　擺ㄅㄞˇ
脫ㄊㄨㄛ種ㄓㄨㄥˇ種ㄓㄨㄥˇ的ㄉㄜ˙社ㄕㄜˋ會ㄏㄨㄟˋ限ㄒㄧㄢˋ制ㄓˋ　，　成ㄔㄥˊ就ㄐㄧㄡˋ偉ㄨㄟˇ大ㄉㄚˋ
的ㄉㄜ˙科ㄎㄜ學ㄒㄩㄝˊ事ㄕˋ業ㄧㄝˋ呢ㄋㄜ˙？

放大鏡 ＊諾貝爾獎　諾貝爾獎是依據瑞典化學家阿
弗雷・諾貝爾 (Alfred Nobel, 1833～1896) 的遺囑而設立的獎
項，自 1901 年開始頒發。諾貝爾雖然因為發明黃色炸藥而致
富，但卻對炸藥被拿來不當使用而感到震驚，因此在遺囑中決
定設立此獎，每年將他超過三千一百萬瑞典克朗的遺產利息，
授與前一年度對人類有重大貢獻的人。獎項分為物理學、化學、
生理學或醫學、文學及和平等五個領域，每個領域的獎項均意
義非凡。榮獲諾貝爾獎可說是大多數學者們的夢想。

# 1 在波蘭的童年

## 好奇寶寶

原名瑪亞·史可德威士幾的居禮夫人，1867年，在波蘭的首都華沙出生。她是全家排行最小的孩子，上有三位姐姐和一位哥哥。居禮夫人後來到法國念書的時候，將名字改為瑪麗，這裡，就讓我們以瑪麗來稱呼她吧！

瑪麗從小就好奇好問，最喜歡去的地方，就是爸爸的書房。那裡除了有很多書，讓她沉迷之外，最吸引她的是擺在玻璃櫃裡的瓶瓶罐罐和各式各樣的實驗器材。

瑪麗常常不停的發問：「爸爸！這是什麼？那是什麼？是做什麼用的？……」她的父親

總是很有耐心的回答著:「這些是爸爸的實驗設備，這個是天秤，這個是燒瓶，這些呢，則是礦石樣本……，爸爸以前就是用這些設備來做實驗，求證書上的理論。這可是一個科學家應該具備的最基本訓練喔!」

看到爸爸一提到「實驗」兩個字，眼睛裡就閃爍著迷人的光采，瑪麗又好奇的問道:「什麼是科學家呀?他們又是做什麼的呢?」

「我想，科學家就是找出事情真相的人吧!」瑪麗的父親說。

雖然年紀還小的瑪麗並不很清楚父親的意思，但是，她卻可以感受到父親對科學的喜好與從事科學實驗的快樂，因此她在心裡對自己說:「我長大後也要當一個科學家。」

瑪麗的父母都從事教育工

作。她的父親不僅博學又關心子女的教育，而且不斷培養孩子們學習的興趣。他會說多國語言，除了母語波蘭語之外，也精通法文、德文、俄文和拉丁文，他還把著名的古典文學作品翻譯成波蘭文，念給孩子們聽，奠定了他們高度的文學素養。

　　大家一定感到很奇怪，為什麼瑪麗的父親需要把古典文學作品翻譯成波蘭文？他們生長在波蘭，理應有很多的波蘭文學作品可供閱讀才對，為什麼還得自己去翻譯呢？原來，這是因為在 19 世紀的時候，波蘭大部分的領土都受到俄羅斯帝國的統治，國內只能通行俄文的緣故。波蘭人民不僅不能以母語彼此交談，連學習祖國文字都必須偷偷摸摸的私下進行；萬一不小心被俄國督學發

現，可是會受到相當嚴屬的懲處呢！

好奇的瑪麗對學習新事物總是充滿興趣，當她看著兄姐都去學校上課了，就恨不得自己能趕快長大，好跟著他們一起去學校。但是從事教育的父母親，擔心瑪麗如果過早從兄姐那兒學到學校裡教的知識，日後會對上學失去新鮮感，反而感到枯燥無味，因此並不希望這個小女兒太早接觸制式教育，只希望她能好好享受她的童年生活。

可是瑪麗的求知慾實在太過旺盛，小小年紀的她當然也無法體會父母不讓她看書的原因，所以常常偷溜到父親的書房裡看書，在那兒消磨大半天的時間。

有一回，瑪麗見八歲的姐姐玻尼雅正在學拼音，就也跟

在旁邊專注的聽著，聽姐姐怎麼發出子音和母音。瑪麗覺得這實在太好玩了，四歲的她也跟著拿起字母的拼音卡片，學著拼音，沒想到，她一下子就發出了正確的聲音。接著她又拿起玻尼雅的課本，使用剛學會的發音方法，試著將課文念出來，她竟然就這麼學會念書了！

玻尼雅看著瑪麗竟然念起自己練習了好久還念不順口的課文，而且還如此琅琅上口，羞愧得哭了起來。玻尼雅向父母哭訴著：「我好笨啊！瑪麗一下子就會念了，為什麼我一直念不好？」母親輕聲安慰她說：「沒關係的，妳慢慢學，總會念順口的。」

瑪麗並不知道姐姐正為此羞愧得哭泣著，還津津有味的享受著讀書之樂，等到她念完

了姐姐的課文，從書中抬起頭來，才發現父母正在哄著玻尼雅。她驚慌的說：「啊！姐姐，對不起，我不應該搶妳的書！」看著玻尼雅哭紅的雙眼，瑪麗的心中雖然滿懷歉意，不過，她卻完全不知道姐姐是因為慚愧自己不如妹妹而哭泣呢！

## 委屈的小學生

到了應該上學的年紀，瑪麗進入了一所女子學校就讀。這所學校的校長和老師都有強烈的民族意識，常常偷偷在課堂上教授波蘭文和波蘭歷史。

在俄羅斯帝國統治下的波蘭＊，此時已被改名為「維士拖拉領土」；不但國名改了，連所有學校裡應有的波蘭語文課程，也全都被俄文課程所取代，波蘭學生都得忍氣吞聲的學習俄文和俄羅斯史。為了防

止學校裡的老師陽奉陰違，俄國還派督學不定期到學校進行突擊檢查，監督各個學校是否遵守法令，教授規定的課程。

瑪麗開始上學之後，發現學校並沒有她想像中的好玩，因為在俄羅斯帝國統治下的波蘭，早已失去了以往的自由。這一天上歷史課時，老師正偷偷講述著波蘭的歷史。忽然間鈴聲大作——啊！那是俄羅斯

放大鏡 —— ＊波蘭 位於中歐，東與白俄羅斯及烏克蘭接壤，南與捷克、斯洛伐克相鄰，西與德國相接。現在波蘭的領土是第二次世界大戰之後界定出來的。波蘭自 1772 年起便遭俄羅斯、普魯士、奧地利三國分割占領，其中大部分的領土隸屬於俄羅斯帝國。瑪麗所住的地區位在波蘭的中部，也屬於俄羅斯帝國的管轄，當時俄羅斯帝國的沙皇——亞歷山大二世就等於是他們的國王。波蘭人一心一意希望推翻沙皇統治，重獲自治權和自由的生活，但多年來推翻沙皇的抗爭卻屢屢失敗，每當反抗失敗後，波蘭人就受到更大的壓制。瑪麗的童年正是被俄羅斯沙皇統治的年代，政府所有的重要職位都不是由波蘭人擔任，學校也不能使用波蘭文或教授波蘭的歷史文化。直到1918 年，第一次世界大戰結束後，波蘭才再度成為獨立的國家。

督學來校突擊檢查的訊號！老師隨即緊急應變，要全班同學趕快收起課本，拿出預藏在抽屜裡的針線、布料，裝作是在刺繡的樣子。校長和督學走進教室，剛好看到學生們正埋頭刺繡。

　　校長開口向督學介紹著：「督學先生，這堂正好是女紅課。女孩子們一星期學兩個小時的女紅。」督學找了一張椅子坐下，冷眼看著全班學生。他想考考學生們對俄羅斯帝國的認識，以確定她們是否真的學習了俄文和俄國史，便要老師指定一位學生來回答。

　　因為瑪麗向來精通每門學問，不但在數學與科學方面表現優異，俄語更是說得字正腔圓，老師總是挑她代表回答問題。此時她卻在心中默默祈禱這次老師挑上別人。但結果還

是讓她失望了。對於這樣的任務，瑪麗一點也不覺得光榮，雖然很多孩子羨慕她受到老師的器重，但是敏感的她卻覺得這像是一種懲罰。

督學對瑪麗提出一些有關俄國歷史的問題，例如歷任俄羅斯帝國沙皇的名字或沙皇的地位與價值等等。瑪麗一一回答無誤之後，督學又問：「告訴我，誰是我們的統治者？」全班的女孩們低著頭一聲不響，老師和校長更是大氣都不敢喘一聲。瑪麗猶豫不決，不知道如何回答。「說啊！誰是我們的統治者？」督學催促著。瑪麗咬緊牙關，隱忍著心中的悲憤情緒，終於說出：「全俄羅斯之王——亞歷山大二世陛下。」督學這才滿意的點點頭，高傲的走出教室。當時瑪麗的心中是多麼難過啊！

督學走後，瑪麗委屈的哭了起來，她好像做錯了事一般感到無比的羞辱。即使瑪麗當時年紀還小，卻已為被異國統治下的國民，感到無比的悲傷了。

## 家庭困境

讓年幼的瑪麗感到悲傷的事，在接下來的幾年裡接踵而來＊。

瑪麗的母親一家原是波蘭的大地主，但是卻在戰爭中衰敗了，因此在她嫁給瑪麗的父親時，家境並不富裕。幸好她受過良好的教育，被一所女子寄宿學校聘任為校長，才有了穩定的收入。與瑪麗的父親結婚之後，夫妻倆便住在學校的

放大鏡

＊接踵而來　後者的腳尖緊接著前者的腳跟走來。比喻連接不斷。

宿舍裡；未來幾年，瑪麗和她的兄姐都是在這個宿舍出生。

1867年，在瑪麗出生後不久，父親接受了一所俄羅斯男子學校的副校長職位，學校並提供他們居住的寓所。於是，他們便舉家搬離了華沙。

母親在生育瑪麗的時候，就已經染上了肺病，在當時這可是無藥可救的絕症，病人必須要靜養，不能過度勞累。因此，雖然她一開始仍持續通勤至女子寄宿學校工作，但隨著身體一天比一天孱弱，終於使她不得不中斷教職，前往氣候較適宜的法國療養身體。如此一來，全家的生計就靠父親獨力維持了。

瑪麗的父親與許許多多的波蘭教師一樣，總是在私底下教授年輕的波蘭學生祖國的歷史與文化，期許這些國家未來

的主人翁以自己的出身為榮，千萬不要因為當前形勢嚴峻，就輕易失去自己的靈魂。只可惜他的努力終究還是被學校當局發現了！1873年，俄籍的校長在得知瑪麗的父親私下的作為後，立即對這位不肯屈服他的屬下進行了殘忍的報復——他撤銷了瑪麗父親副校長的職務，連帶使他失去了寓所與薪資。一向平和快樂的小家庭，從此陷入困境。

在法國的母親，一聽到他們的情形便決定立即返國，即使病情會因此加劇，她也要與家人共度難關。於是，在剛遷入的新住所內，一家人緊密的結合，深愛著彼此。他們對物質條件的缺乏，毫不在意，因為知識與學問填補了他們的心靈。父親跟以前一樣，常常為家人朗讀波蘭、法國、德國等

地的文學作品，並隨後發表自己的看法；一家人和樂融融，讓親情的溫暖，抵禦了料峭的政治寒風，讓他們過了好一陣子平靜且甜蜜的生活。

只是精神再怎麼滿足，生活依然需要維持。孩子中最大的卓西雅這時才不過十一歲，妻子又臥病在床；為了維持家計，並支付妻子療養的費用，瑪麗的父親只好在自己的家中招收一些寄宿學生，提供他們住所、食物、個別教導，以賺取微薄的收入。沒想到，這些學生的到來，不僅使得一家人原本親密的生活為之中斷，還帶來了一個悲慘的結局。

1874 年，卓西雅與玻尼雅被一個寄宿學生傳染了斑疹傷寒。這種經由跳蚤、蝨子等寄生蟲傳染的疾病，之前曾在華沙爆發了兩次大流行，造成數

以千計的人民死亡。雖然玻尼雅幸運的從病魔手中逃出，但卓西雅卻沒有那麼好運。在被病痛折磨了一個月後，卓西雅仍然不治。這時瑪麗不過是個八歲的小女孩，她有好長一段時間，不能接受大姐過世的事實，在她小小的心靈中，一直認為大姐仍和她在一起唱歌、為她縫補衣裳。

卓西雅的逝去，給了這個貧困的家庭一個沉重的打擊，尤其對久病不起的母親來說，更是難以承受的負荷。在葬禮時，病弱的母親無法親自送女兒最後一程，只能撐著衰弱的身體，在窗口目送著送葬隊伍逐漸遠去，她的病情也越來越嚴重。

由於肺病有傳染性，所以瑪麗的母親從來沒有親吻過或擁抱過瑪麗；如果瑪麗想要一親

近母親，或跟她撒嬌，母親總會藉故躲開；每晚和母親道過晚安後，母親也總是替她蓋好了被子後就離開房間。

母親的刻意疏遠，讓敏感的瑪麗總是不斷的問自己：「媽媽為什麼不喜歡我？是不是我表現的不好？」其實，母親何嘗不想將她緊緊摟進懷裡，對她訴說無盡的愛呢？每當母親看著孩子們歡樂的嬉戲玩耍，想到自己將不久於人世，往往悲從中來，流下不捨的淚水。

不知道從什麼時候開始，全家人的禱告詞總是：「上帝，請祢賜福母親，讓母親早日康復。」但是，上帝並沒有回應他們的祈禱，也沒有理會他們的虔誠。在卓西雅之後，瑪麗的母親也於 1878 年撒手人寰。之後，瑪麗仍然和平時一樣，在星期天與家人一同前往教堂，

可是當她跪下低頭默禱時，她再也無法重拾往日對上帝的信仰了。

# 2 少年老成

## 好強而憂鬱的少女

　　大姐與母親的逝去，對瑪麗的打擊很大，但是從小好強又敏感的她，並不像一般的孩子一樣到處訴苦、博取同情，相反的，她極力壓抑悲傷的情緒，藉由讀書來排解心中的苦悶。她有時會偷偷的在沒有人看到的地方哭泣，然後又若無其事的回到教室繼續上課；有時她埋首書堆，幾個小時不理人。強忍住心中至大的悲痛，不哭不鬧，沒有任何情緒的表現，這對一個十來歲的孩子，是多麼大的心理負擔！這同時也塑造了她往後冷漠沉鬱的性格。

　　瑪麗的師長不只一次向瑪

麗的父親提起，雖然瑪麗在校成績卓越，但是情緒上卻相當敏感和脆弱，十幾歲的孩子本應該天真活潑，她卻過於沉靜而老成。她從不參加同學間的嬉戲，而且除了哥哥和姐姐之外，也幾乎不與其他年齡相仿的孩子們來往。有時候連和她同班的姐姐希樂，都會因為她太專注在書本上，而想開她玩笑。

這一天，瑪麗又專心的讀著書，希樂和一些同學忍不住想尋她開心，於是在她周圍堆滿了椅子；瑪麗一直沒注意到這些行動，始終埋首書中。等到她想上廁所時，一站起來，碰到旁邊的一張椅子，周圍的椅子便因此全部應聲倒地。只見她面無表情的看著作弄她的同學們，包括希樂在內，冷冷的說了一聲:「愚蠢!」然後頭也

不回的走出教室。

瑪麗十五歲那年，以第一名的成績中學畢業。不但老師向她道賀：「瑪麗，我們真是以妳為榮！」同學們也圍著她說：「恭喜妳啊！瑪麗！」同學們還爭相要看那面第一名的獎章。瑪麗紅著臉，不知如何回應這些熱烈的稱讚。

她的父親更是欣慰的擁抱著她，對她說：「如果妳媽媽在世，她一定會和我一樣高興。妳真是我的好女兒，爸爸太為妳感到驕傲了！」聽到父親這樣說，瑪麗的眼中充滿了淚水。自從母親去世後，父親一直為了全家的生活辛苦奔波，臉上少有笑容，如今因為她出色的表現，使他終於露出了難得一見的快樂神采。

父親看著才不過十五歲的瑪麗，一身舊衣服，顯得少年

老成又缺乏朝氣，不像同年齡的女孩那樣充滿青春活力。她實在是太嚴肅了！想到她因為母親的早逝和家境的困窘，失去了應有的快樂童年，也因為用功過度，失去了臉上的紅潤和笑容，真是令人心疼。「瑪麗應該享有她這年齡應有的歡笑和快樂」，父親在心中暗暗下了這個決定。

「瑪麗，爸爸要送妳一件畢業禮物。」他笑著對瑪麗說：「我要送妳到鄉下去度假。」

瑪麗先是張大著嘴，一臉驚訝，接著大聲反對：「不行，我要讀好多書，我還要……」

父親阻止她繼續說下去，還說：「一切都安排好了，鄉下有很多親戚朋友，還有妳的堂兄弟姐妹們，他們好久沒見到妳了。妳去了，他們會很高興的。」不給瑪麗反對的機會，父

親已為她安排好了在鄉下度假一年的計畫。

## 愉快的鄉居生活

史可德威士幾家的親戚很多，瑪麗的堂兄弟姐妹們都住在鄉下，瑪麗從小就常和父母到鄉下親友家中一起過節，所以回鄉下住一段日子，對她和親戚們來說都是件快樂的事。

到鄉下度假的她，有如鳥兒一般的自由自在，畢竟拋開了課業壓力，心中自然輕鬆不少。瑪麗在各個親戚家暫住，四處雲遊，觀察四季的變換。她常常和親友一起採集瓜果蔬菜，準備食物；或漫步在翁鬱的樹林，享受迎面的清風；或是穿著色彩鮮麗的衣裳，盡情跳舞唱歌，通宵達旦也不覺疲倦。她在寫給華沙朋友的信中曾提到她在鄉下的生活：

「我已經忘了幾何、代數等等，這裡的生活實在太愉快了！」

「我享受到了天天過節的滋味，我一生中從沒這麼快樂過！」

「我和姐姐們、朋友們一起騎馬、划船、跳舞……好開心啊！」

「我這一生還會再有這麼快樂的日子嗎？」

瑪麗總算有一些除了讀書之外的生活樂趣。可是結束了一年的鄉居生活後，她仍不得不去面對那令人煩惱的前途問題。

史可德威士幾家的孩子都長大了，開銷也越來越大，全家只依靠父親的薪水過日子是絕對不夠的。前些年為了治療母親的肺病，已是債臺高築，更雪上加霜的是，父親將所有

的存款投資在親戚的生意上，沒想到三萬盧布就這樣損失殆盡！加上當時受俄羅斯帝國統治的波蘭，女性連上大學也受到限制，所以除了瑪麗的兄長喬瑟夫在醫學院念書外，史可德威士幾家的女孩根本沒有機會可以進大學就讀，這也是她們感到最不平的一件事。

　　瑪麗的父親很明白他的女兒有過人的聰慧，一心想讓兒女接受良好的教育，可是他投資生意失敗之後，所有的儲蓄都付諸東流，他再怎麼努力賺錢，還是只能供唯一的兒子喬瑟夫進入醫學院就讀，瑪麗和玻尼雅都得靠自己努力賺錢，才可能達成上大學的夢想。

## 地下大學

　　從鄉下回到華沙，十六歲的瑪麗，正當青春年少，有著

細緻的皮膚與修長的身材，比小時候更為美麗，可是瑪麗對自己的外表一點都不在意，因為她認為物質慾望會阻礙人們追求理想的信念。這個時候的她，一心一意只想要達成進入大學就讀的夢想。為此，瑪麗和姐姐第一個念頭都是：當家教賺取學費；另一方面，她和所有當時的波蘭人一樣，心中還有一個偉大的夢想——復興波蘭。

　　瑪麗生長在文化藝術與哲學思想百家爭鳴的時代。當時各種新的思想潮湧而來，尤其是法國哲學家孔德的「實證主義」＊以及英國哲學家史賓賽

＊實證主義　實證主義的論點是：事實必然是透過觀察或經驗每個人身處的客觀環境和外在事物而得到。實證主義論者認為，雖然每個人接受的教育不同，但他們用來驗證感覺經驗的原則，並無太大差異。實證主義的目的，在希望建立知識的客觀性。

的「社會達爾文主義」＊，更是深深的撼動了波蘭的知識分子。有識之士覺得反抗俄羅斯統治的運動流了太多鮮血，早已失去意義，因此主張不再用武力與俄羅斯帝國對抗，而是藉由知識的傳播，來點燃每個波蘭人心中復興波蘭的火苗，於是「地下大學」便出現了。地下大學就是利用群眾教育的模式，希望能將知識傳授給每個波蘭人。

　　地下大學每次的課程都是在私人住宅裡祕密的舉行，來上課的學生都是些求知慾旺盛的青年人。一開始，瑪麗和玻尼雅還有點生澀、膽怯，但很

放大鏡

＊社會達爾文主義　是將達爾文進化論中物競天擇的觀念應用於人類社會的一種社會理論，主張人類社會的生存競爭是不斷進行的：優越的個人、團體或民族，將成為掌握權力與財富的主角。

快的，她們就浸淫在這些嶄新的哲學思潮之中。對宗教已經喪失信心的瑪麗，與強調知識客觀性的實證主義，以及主張社會進化原理的社會達爾文主義一拍即合，立即熱衷的投入知識的探求。

受到新思潮的影響，瑪麗也開始思考到教育上的問題，她曾說過：「我們如果不改善個人，就無法建立一個更完美的世界。」瑪麗開始注意到那些貧窮的女子，她們都是沒有機會受教育的弱勢族群。

當時，俄羅斯統治者對波蘭實施愚民政策，並不鼓勵教育普及，於是，瑪麗便偷偷替工廠女工上課。這些從小因家庭貧困而無法接受完整教育的工人，白天在狹小、擁擠如牢獄般的工廠工作了十幾個小時之後，晚上就讓瑪麗為她們補

習。她們覺得瑪麗教學時非常
有耐心，講解得非常清楚，所
以都很喜歡瑪麗；而瑪麗覺得
她們都非常認真好學，比起那
些有錢聘請她當家庭教師的孩
子們還用功許多呢！

# 3

# 追求夢想

## 姐妹情深

　　日子在忙碌中匆匆流逝，瑪麗和姐姐玻尼雅並沒有放棄繼續深造的夢想。在大姐和母親相繼病逝後，玻尼雅對這個小妹，一直是保護有加，照顧得無微不至，因此她們倆特別親密。瑪麗一生對人情世俗都很冷淡，只有和玻尼雅無所不談，一直到瑪麗終老，仍然認為玻尼雅是她唯一可以依靠的人。

　　雖然瑪麗和玻尼雅在校都是傑出的學生，但是家境的困難以及當時社會對於女性的種種限制，使她們苦無機會證明自己的能力並不遜於男性；而證明能力最直接的方法，就是

接受高等教育。但要如何才能接受高等教育呢？這真是一個難解的問題。而且，只有中學學歷的她們，就算由非正式管道或經自己的苦讀而獲得深厚的學識，也無法像父親一樣，在學校裡謀得教職。因此，為了證明自己的能力，也為了獲得他人的肯定，更是為了內心那股對知識的熱烈渴求，無論如何都要完成上大學的理想。

　　在當時的社會，年輕女性在富有的家庭當家庭教師是很普遍的現象；於是，瑪麗和玻尼雅就開始到許多富人的家裡當家庭教師，賺取上大學的學費。她們兩人在華沙的東南西北往來奔波，不怕遠不怕累，心中就只有一個目標——存錢上大學。

## 瑪麗的構想

在俄羅斯統治下的波蘭，女孩子不能上大學，所以必須遠渡重洋到外國讀書，而她們最嚮往的地方，便是自由開明的法國。但是去法國讀書，所需的費用更大，只靠家庭教師的收入，不知要到何時才能實現這個夢想。

當時瑪麗才剛過十七歲，姐姐玻尼雅卻已經快滿二十歲了；如果玻尼雅再這樣永無止境的等下去，等到存夠了去法國的錢，恐怕也會因為錯過了讀書的黃金時期，使得夢想最終成了空想。

有一天，瑪麗拿出了筆記本，計算去法國所需的學費和生活費，她越算越感到挫折，因為，就算把她們兩人所有的儲蓄加起來，也才勉強夠一個

人一年的學費和生活費而已，但是念醫學可要花五年的時間呢！看樣子姐妹倆一起去法國讀書的夢想，是不可能在短期內實現了。但是瑪麗是一個不輕易認輸的人，她決不放棄夢想，於是她做了一個決定：讓玻尼雅先去法國讀書，自己則留在國內繼續工作，想辦法資助玻尼雅在法國讀書的費用。

她拿定主意後，便興奮的告訴玻尼雅這項重大決定：「我有辦法了！我可以把我所有的積蓄通通存下來給妳，妳先去法國念書吧！」玻尼雅不敢相信妹妹的決定，堅持不答應，她說：「那怎麼可以？妳怎麼能不去？不可以！我絕不接受這種決定！」但是，瑪麗卻很堅定的說：「這是唯一的辦法了！等到妳畢業後，有了收入，再資助我去法國讀書就好了呀！」玻尼

雅的眼中充滿淚水:「那妳得等
五年以後才能去法國啊。」「那
有什麼關係?我還年輕,我可
以等。接下來,我打算找一個
提供食宿的家庭教師工作,省
下食宿、交通的開銷,就有足
夠的錢能供應妳在法國的學費
和生活費,說不定還能存下一
筆錢呢!」玻尼雅爭不過瑪麗的
堅持,因此接受了她的這番好
意。

## 初墜情網

　　瑪麗很快就找到一個姓左
洛士基的富裕人家,他們的女
兒安若需要一位家庭教師,而
且他們家離華沙不遠,所以,
瑪麗很快就答應前往任教了。
安若是個用功的好學生,左洛
士基一家人也對瑪麗很客氣有
禮,但是瑪麗總感到他們高高
在上,不由得時常想念起親人

和家庭的溫暖。

　　瑪麗在擔任家庭教師的同時，也自修學業，她利用閒暇的時間讀遍所有的學科，尤其是她最感興趣的物理和數學。當她遇到不懂的問題時，就寫信向父親請教，所以在這段時間內她也很有收穫。對於處於困境中的孩子，瑪麗總是充滿同情心，當她發現附近有些孩子不會寫字也不會讀書，便又利用自己休閒的時間，免費教導這些孩子。對她來說不僅是做了一件有意義的事，也讓她暫時忘卻了獨自在外地謀生的寂寞。

　　瑪麗逐漸習慣了這樣規律而平靜的生活，左洛士基一家和她也越來越親密，有時也會跟她閒聊或下棋、玩遊戲，有如一家人一樣。這年暑假，左洛士基家的長子卡士敏從華沙

大學回家度假。瑪麗的博學多聞，以及她免費教導鄰近的孩子讀書寫字的義行、關心波蘭文化的心志，在在使卡士敏對她產生敬佩之情。瑪麗擁有姣好的外表，加上內在的智慧，讓卡士敏認識她沒多久，就情不自禁的陷入了情網。

　　經過了一個暑假的相處，瑪麗還不太確定自己的感覺，但是第二年暑假，他們又在一起散步、騎馬，有時也一起跳舞，度過一段美妙的時光。很明顯的，瑪麗對卡士敏也有好感。她一度以為她就要以此為家了！可是，當卡士敏向父母表明對瑪麗的愛意時，卻受到父母強烈的反對。因為在當時的封建社會中，富有的家庭在挑選婚娶對象時，往往只看對方家境的好壞，即使雙方的外貌、學識再怎麼登對，只要一門

第不配，便毫不考慮；左洛士基家也是如此。卡士敏的父母用「她只是一名家庭教師」的理由，反對兒子與瑪麗繼續交往，他們不但忽視了瑪麗過人的聰慧，也深深的傷害了她的心。瑪麗後來曾寫道:「那段日子，真是我一生中最難過的時刻。」

瑪麗好不容易走出失去大姐與母親的傷痛，如今又再次受到像被剝了一層皮一樣的傷害，堅毅的她雖然強把傷痛深藏心裡，但卻不禁懷疑起自己的價值。她曾在給哥哥的信上寫道:「本來以為左洛士基一家人都很喜歡我，沒料到會有這種結果……你問我目前有什麼計畫，我沒有……我已把過去的夢想埋葬、遺忘，我們要實現那樣的夢，還可能嗎?」

卡士敏離家回學校後，瑪

麗表現得自在平靜，盡力當一個負責的好教師。雖然她多麼想一走了之，但是她實在需要這份收入。為了玻尼雅在巴黎的生活費用，也為了尚未能完全負擔家計的哥哥，她什麼都能忍受。這需要多麼大的毅力啊！瑪麗獨自背負著這樣沉重的擔子，雖然辛苦，但她卻仍像當年失去母親和姐姐的時候一樣，表現出看似毫髮未傷的冷漠。

　　就在這個時候，從華沙的父親那裡傳來了一個好消息。原來他已自教職退休，另接任了一份新的工作，有較多的薪資可以幫助喬瑟夫與玻尼雅，如此一來，瑪麗肩上的重擔，終於可以減輕許多了！這也讓她可以揮別左洛士基一家，以及這個有著許多甜蜜和痛苦回憶的地方。

這四年在左洛士基家的日子並不算短，隨著玻尼雅畢業日期的臨近，瑪麗的犧牲，眼見就要苦盡甘來了。只是經歷了那段令人失望的戀情，以及受盡冷落的苦楚，讓瑪麗內心的陰鬱一日大於一日，理想的火炬也漸漸的熄滅。瑪麗在寫給喬瑟夫的信上說：「我越來越對自己感到失望，卻對你們越來越充滿期望。」她是否能再振作起來？連她自己都不確定。

# 4 接近夢想

## 走向巴黎

1890 年 3 月，玻尼雅來信告訴瑪麗說她訂婚了！結婚後還準備繼續在巴黎居住一年，她說：「明年妳來巴黎念書，就可以住在我們家，完全不必擔心食宿的問題，只要準備幾百盧布的學費就可以了。」

接到姐姐的來信，瑪麗一定會很高興，立即準備動身前往巴黎吧！可惜，事實並非如此。幾年來全心忙於為家人奉獻的孤獨生活，使她的夢想幾乎消磨殆盡，現實中遭受到的無情打擊，更使她變得消沉，失去了前行的勇氣。她在寫給玻尼雅的信中說：「巴黎曾經是我夢寐以求的救贖之地，但這

個念頭早已消逝。即使現在機會來到了我的身邊，我也不知道該如何是好……。」

任憑玻尼雅再怎麼費盡唇舌，也說服不了瑪麗；而兩人相距遙遠，也讓她無法給瑪麗最直接的支持。幸好，這個時候瑪麗的表哥建造了一所名為「博物館」，實則為地下大學的教學中心。為了讓地下大學的教師們教授波蘭年輕人科學知識，館裡甚至還設有研究用的實驗室。這可是瑪麗第一次進到實驗室呢！看著實驗室中一件件的實驗設備與器材，瑪麗彷彿回到了幼年時期父親的書房，她長大以後要成為科學家的誓言猶然在耳；只是這一次她不僅只是看著這些設備，還能夠親自操作進行實驗。瑪麗內心的知識之火又重新被點燃，巴黎之行的夢想，又再次

回到了她的思緒之中。此時唯一還擋在她面前的，就是對卡士敏的感情了。

四年來，雖然受到社會禮教的壓迫，但是瑪麗與卡士敏仍然情繫彼此，即使瑪麗離開了左洛士基家，兩人還保持聯絡。1891 年夏末，瑪麗約卡士敏到山中旅遊，也想趁此機會確認兩人的關係。可憐的卡士敏，雖然一顆心緊緊的繫在瑪麗身上，但是仍接受家中資助的他，根本不可能反抗父母親的決定；瑪麗因而了解兩人之間不但沒有未來，反而還有礙彼此的發展。於是，她決定徹底斬斷這條情絲，不再讓自己活在自怨自艾中。終於，再沒有任何事情可以阻擋瑪麗前往巴黎求學了。

同年 9 月，瑪麗終於存夠了就讀巴黎蘇邦大學所需的學

費，可以去追求她心中的夢想了！從十七歲資助玻尼雅到法國巴黎念書，到現在將滿二十四歲，這一刻讓她足足等了七年！皇天不負苦心人，她總算美夢成真了。11月，瑪麗在寒風中強忍著淚水與父親揮別。她向父親保證，完成學業後一定回到祖國，為教育下一代的孩子貢獻一己之力。

從華沙坐火車到巴黎必須花上數十個小時，瑪麗坐在火車上，東張西望，興奮不已。一路上看著火車由中歐的波蘭出發，穿越廣大的歐陸平原，終於抵達位處西歐的法國，她的欣喜之情可想而知。火車進入巴黎車站時，姐姐和姐夫早已在月臺上翹首盼望，等著她的到來。姐妹相見時欣喜若狂，忍不住相擁而泣。

離開了俄羅斯帝國統治下

的波蘭，來到了自由開放的法國，一切是多麼的不同！巴黎向來負有歐洲文明藝術中心的美名，人人可以自由發言，每個人都快樂的生活著，這一切看在瑪麗眼中，實在是太美好了！這個與波蘭迥然不同的城市景觀，使瑪麗賞心悅目，也使她對這城市產生了更美好的印象。

但是在讚嘆了巴黎的美麗之後，瑪麗發現有一些生活上的小小差異要解決。例如：她的波蘭名字瑪亞，以法國人的發音是念不出來的，她只好改名為瑪麗；改名字很容易，可是她的波蘭姓氏「史可德威士幾」，又長又不易發音，她可沒辦法改；還有她的口音和衣著，都帶著濃厚的波蘭味，也很難得到法國人的認同。

1890 年代的法國，也是歐

洲的時尚中心，法國的時裝，引領著世界潮流的發展。瑪麗的同學大多來自富裕的家庭，衣著總是華美又時尚；街上年輕男女入時的打扮，也令她目不暇給。雖然感到自己與周遭的流行氣氛格格不入，但瑪麗從小就不重視外在的裝扮，法國的時裝和浪漫氣氛自然也動搖不了她的原則，所以她可以無視於周圍如性別歧視、金錢匱乏，以及語文困難等問題。

「我全心全意集中在書本上，所有的學習，尤其是科學，使我渾身充滿新的喜悅，就像全世界在我眼前張開大門迎接我一樣。我終於得到自由學習的許可證了。」

## 在蘇邦大學苦讀的日子

到了巴黎後一星期內，玻尼雅就帶著瑪麗在蘇邦大學完

成了了註冊。初見蘇邦大學藏書豐富的圖書館，就已經讓瑪麗興奮不已，更棒的是，學生們還可以依自己的學習方式，自由選擇上課的課程與考試的時間。多年來，瑪麗在沒有自由的波蘭成長，現在蘇邦大學的一切，對她來說都是美妙至極的經驗。另外，在蘇邦大學任教的教授可都是世界聞名的學者，像是後來得到諾貝爾物理獎的利普曼 ＊ 和數學大師龐加萊 ＊ ，還有其他著名的物理學家、哲學家等等，都是當時最頂尖的師資。

剛開始，為了節省開銷，

**放大鏡**

＊**利普曼** (Gabriel Lippmann, 1845～1921) 法國人，因發明彩色照相技術，獲得 1908 年的諾貝爾物理學獎。

＊**龐加萊** (Jules Henri Poincaré, 1854～1912) 法國傑出的數學家，也是卓越的哲學家與物理學家。龐加萊對天體力學的研究，奠定了人類了解太陽系的根基。

瑪麗住在玻尼雅家。但是從玻尼雅家到學校的路途很遠，所以瑪麗每天得花很多時間在交通上，光這一點就耗費了她太多體力，連帶影響到她念書的時間。不僅如此，姐姐與姐夫開設的診所雖然是白天開放，但每個星期有兩個晚上會幫病人義診；而且姐姐與姐夫都非常好客，他們公寓的大門永遠為客人而開，家中經常高朋滿座。喜歡音樂的姐夫，時常在家裡彈鋼琴自娛，甚至常邀瑪麗一起去聽音樂會。

　　這些外在的干擾，對瑪麗的課業都造成很大的影響。對於來訪的客人，瑪麗可不能相應不理，但是客人往往在深夜時才離開，讓她只能在客人離開之後開夜車趕功課。即使有了那麼一點安靜的空檔，她仍要擔心突如其來的門鈴聲，或

是門外隨時會響起的腳步聲，中斷她專心致力的研讀。就這樣，初到法國的瑪麗，不但要適應語言和文化的差異，現在就連要跟上學習的進度都有困難，父親臨別時的叮嚀:「要用功，要爭氣，要出人頭地!」更使她越想越心急，最後，她只好向姐姐提出她想搬出去的想法。

起初，玻尼雅對瑪麗想搬出去的想法很不諒解，但是經瑪麗再三解釋，她終於明白了瑪麗的心意，她對瑪麗說:「妳要搬出去住，我們真的很捨不得，但是妳的苦衷我們也可以理解。只要妳想回來，我們隨時都歡迎妳。」

後來瑪麗在學校附近租了個簡陋的小閣樓，那裡不但沒有暖氣，也沒有照明和用水。為了節省交通費，瑪麗每天走

路到蘇邦大學上課；為了節省燈火使用的油費和電費，她總是待在圖書館裡讀書，一直到深更半夜才回家；為了節省飲食方面的開銷，除了麵包和水之外，她更常常連一碗熱湯都捨不得喝。睡眠不足加上營養不良，使瑪麗的身體變得相當虛弱，但她卻絲毫不以為意，依然故我。

只是人畢竟不是鐵打的，終於有一天，瑪麗在校園裡昏倒了！玻尼雅一接到學校的通知便直奔瑪麗的小閣樓。看著瑪麗空空如也的房間，玻尼雅驚訝的質問瑪麗，這才知道她這兩天根本沒有吃多少東西，她居然是因為餓過頭才在校園中暈倒！

玻尼雅心疼得眼淚直流：「瑪麗，妳怎麼這麼傻？萬一弄壞了身體，就算考了第一名

又有什麼用呢？」

「對不起！姐姐！我也不知道會這麼嚴重。」瑪麗抱著玻尼雅痛哭。

「跟我回去吧！讓我好好照顧妳，等妳身體恢復了，再讓妳回學校。」

於是，瑪麗乖乖的跟著玻尼雅回家。在玻尼雅的細心照顧下，瑪麗康復得很快。但是身體才剛好轉，她又迫不及待的想回學校上課。玻尼雅拗不過她的堅持，只好為她準備些食物，讓她帶回學校。

只是沒有多久，對科學研究的熱情，讓瑪麗又開始不顧身體的抗議，埋首書堆之中。漫長的冬天，讓這個寒傖的小閣樓更加冰冷，連臉盆裡的水都結冰了！即使她把所有的衣服都穿上，還不斷發抖。也因此，她總是留在實驗室或圖書

館裡讀書，以校為家。這樣既可讀書又不受凍，一舉兩得。

瑪麗堅毅的精神，使她克服了一切困境。她總是比別人更認真的讀書，絕對不浪費一絲一毫的時間。為了完成教授交給她的研究工作，她更是不顧一切，當她一站在實驗室展開實驗時，就彷彿變身成一具精密的機器人，一心一意的專注在實驗上，常常都要別人提醒，她才知道應該是離開的時間了。就這樣，瑪麗打下了在學術研究上的基礎，更逐漸成為該領域的佼佼者。

瑪麗在各學科上出色的表現，讓教授和同學都對她另眼相看，男同學們對這位來自異國的女孩子，紛紛投以傾慕的眼光。只可惜，瑪麗全副精神都擺在追求知識上，根本無暇顧及談戀愛；而每當又有崇拜

瑪麗的男同學對她獻殷勤時，瑪麗的身邊總是會出現一位女同學，為她擋開這些過度的情意。在蘇邦大學將近兩年，這位女同學可以說是瑪麗唯一的朋友，甚至可以說是瑪麗的保鑣。有一次，她甚至用陽傘為瑪麗打跑了過分熱情的崇拜者呢！

## 學海無涯

7月，天氣正燠熱，也是瑪麗的畢業考期，但她的一顆心卻始終定不下來。坐在考場裡，瑪麗竟然緊張得連題目都差點看不懂。她的心中一直擔心著：萬一考試不及格該怎麼辦？結果她不只是及格而已，更以第一名的成績通過考試！這個成果，無疑是對她付出的努力所做的最大肯定。沒有人知道她內心有多麼激動！她沒

有辜負父親的期許，終於順利完成學業；她也完成了幼年時期的夢想，並且還要將這個夢想延伸下去。

經過將近兩年離鄉背景的生活，瑪麗終於回到了波蘭。華沙，親愛的父親、喬瑟夫、希樂，還有眾多親人都在引頸期盼她的歸來。再次出現家人面前，瑪麗顯得蒼白而瘦弱，家人的不捨全寫在臉上，他們決定用食物與親情，好好的犒賞瑪麗一番。於是，在接下來的三個月裡，瑪麗受到來自親友的熱情招待，臉色漸漸回復紅潤，整個人顯得愉快而精神飽滿。

但是，隨著秋天的腳步接近，瑪麗愉悅的神情漸漸的減少，焦慮慢慢爬上她的心頭。一個學位怎能滿足她無止境的求知慾？但是如果要繼續攻讀

學位，要怎麼回巴黎去呢？要到哪兒去籌錢？家裡哪來的錢讓她再攻讀一個學位呢？這兩年，父親為了她，幾乎犧牲了所有的娛樂，她又怎麼好意思再向父親開口呢？一想到這些問題，瑪麗便陷入了低落的情緒。

就在她快要放棄希望時，一個奇蹟發生了！那個她在蘇邦大學唯一的朋友，幫她向波蘭政府申請到一筆六百盧布的獎學金。在當時，六百盧布可是相當大的金額，夠她在巴黎生活十五個月了！

有了這筆獎學金，瑪麗再度回到巴黎，並且可以更專心的投入學業，而不用像之前一樣，過著三餐不繼的生活。這次，僅用了一年的時間，瑪麗便以第二名的成績，取得了數學學位。幾年後，她從工作薪

水中存下六百盧布，償還了波蘭政府給她的獎學金，希望政府能夠幫助更多像她這樣有心向學卻受限於現實環境的人。

# 5

## 認識居禮先生

### 一見鍾情

　　瑪麗初到巴黎的日子，過著有如在修道院般的生活。她好強又認真，心無旁騖的埋首在書堆當中。但是正值青春年少又面貌姣好的瑪麗，當然有不少愛慕者追求。在玻尼雅家舉行的一次聚會中，一位波蘭來的學生認識了瑪麗，之後便苦苦追求她，還曾經用服毒自殺的手段，企圖引起瑪麗的注意。但是瑪麗對此只淡淡的批評:「真是輕重不分。」對這位自殺未果的失戀者不屑一顧。自視甚高又曾有過一段難忘初戀的瑪麗，以為自己早已心如止水，沒有任何男人能比書本裡的知識更吸引她，但是這樣的

想法在見到了居禮先生之後，卻徹底改變了。

那是 1894 年，瑪麗二十七歲，正因為實驗室太過擁擠，無法順利進行實驗而困擾著。這個時候，瑪麗在波蘭的老朋友正好到巴黎度蜜月，前來拜訪瑪麗。這位朋友是個物理學家，瑪麗從前常向他請教物理方面的問題。現在瑪麗向他談及自己的困難，沒想到這位朋友一聽到瑪麗的難處，就立刻說他可以找人幫她解決問題。

幫瑪麗解決困難的，正是當時在一所物理暨化學工業學校任教的皮耶‧居禮。皮耶不僅幫瑪麗解決了實驗室太小的問題，後來，還與瑪麗結為連理，一同在科學領域開創了影響世界的新發展。

瑪麗是這樣形容第一次見到皮耶的景象：「當我走進來的

時候，皮耶正站在走廊上，他雖然已有三十五歲，但看起來相當年輕。我被他那清澈的眼神攝住；他身材修長，言語舉止緩慢，但簡樸純真的樣子，讓我不由自主的產生信賴感。我們交談以後更發現到彼此的投合，先是科學的話題，我很樂於聽到他的意見，對於社會和人文的見解，我們兩人也非常相似。可能是由於我們兩人的家庭背景類似，所以道德觀和價值觀也一致。」

　　而皮耶對瑪麗的聰慧也感到驚嘆！這位物理學家心想：我從來沒有想過，居然可以用專門術語、複雜的公式對一位女子述說自己的工作！看著眼前專心聆聽的這個年輕女子，皮耶幾乎因為隱藏不住對她的好感，而顯得手足無措。他們倆對彼此一見鍾情！

# 心靈知交

　　瑪麗和皮耶在一起的時候總是有聊不完的話題。皮耶告訴瑪麗，他的父親是醫生，母親是家庭主婦，還有一位與他感情深厚的兄長。兄長在結婚後搬出去住，為此他還難過了好一陣子。

　　皮耶還說自己從小就有一顆敏感的心、愛做白日夢，幼年的時候還有學習障礙，但是他對數學的天賦遠遠超越與他同年齡的孩子。他讀書時雖然不能受到噪音干擾，但是一旦進入狀況，就能發揮超越常人的定力，加上他過目不忘的超強記憶，使他小小年紀，便散發出令人難以忽視的光芒。皮耶的父親決定親自教育他，不讓他受學校制式教育之苦，也讓他自由發展不加以限制。一

直到皮耶十四歲那年，才請家庭教師指導他，也就在那時，皮耶對數學、化學、物理，都產生了濃厚的興趣。

決定志向之後，皮耶在學業研究的發展上突飛猛進。十六歲那年順利拿到高中文憑，十八歲拿到大學理學學位，二十一歲就發表了他的第一篇論文。皮耶其實還有很多才華，但是，謙虛的他不太會表現自己，不過他博學的形象，已深深的印在瑪麗的心中。

皮耶知道瑪麗的生活和讀書環境都不好，因此特地在自己的實驗室裡為瑪麗安排了一張書桌，以便她讀書，同時也指導她做一些實驗。瑪麗勤奮好學的精神和過人的聰慧，都令皮耶相當欣賞。當時皮耶已是初露鋒芒的年輕學者，雖然學校給他的待遇並不好，但他

對一切外在的物質從不計較。他個性非常拘謹，不喜歡爭強鬥勝，只有和瑪麗談論科學時才會暢所欲言。他們倆常常見面，週末就一起到鄉間散步，皮耶對大自然萬物無所不知，也無所不談，一向木訥寡言的他，見了瑪麗就滔滔不絕。

兩人相識不久後，瑪麗便通過考試，確定可以拿到數學學位。她開始猶豫是否該回到她所熱愛的波蘭工作，或是留下來從事科學研究。對瑪麗已一往情深的皮耶，當然希望她能留下來繼續做研究，他對瑪麗說:「妳是個做科學研究的人才，不應該放棄科學。」只是他心中更想說的是:「妳走了，我該怎麼辦?」

## 祖國與婚姻的抉擇

其實，皮耶已不只一次對

瑪麗談到未來，也不只一次向她求婚，不過，得到的答案卻都是令他失望的。瑪麗不是不了解皮耶的一番真情，但是嫁給一位法國人並永遠離開波蘭這樣的想法，讓她猶豫再三，也讓她遲遲無法給皮耶確切的承諾。而且既然她已經取得了學位，至少要先回波蘭一趟，或許是永遠……。

　　瑪麗一返回波蘭，皮耶就擔心她再也不回巴黎，於是他開始寫信給瑪麗，讓她知道有一個人在法國等著她。瑪麗不是沒有感受到皮耶的熱情，但是她實在沒有辦法立即給皮耶承諾。不過，兩人藉著書信往返，互通心曲，培養出深厚的情感。也許以紙筆的方式表達內心的想法，對於內向的兩人而言，是最好的方式吧！在這些來往的信件中，可以見到皮

耶抒發了很多內心的情感，也讓後人因而了解他們當時的生活情景。例如皮耶曾在信中提及：「上封信我曾問妳是否願意與我合租一間公寓，但是妳沒有回音，使我非常擔心。我希望我們至少可以做一對不分開的朋友。」皮耶在信末的署名是「妳非常忠誠的朋友」。

其實，皮耶和瑪麗在情感上實在已到了分不開的地步，他甚至告訴瑪麗：「如果妳不回法國是因為捨不得波蘭，那麼我願意跟妳回波蘭！」這可是一向含蓄的皮耶所表達的最大誠意。

瑪麗對皮耶的感情也與日俱增，她曾寫信告訴姐姐，皮耶對她在科學研究上的了解，比任何甜言蜜語都令她感動；皮耶願意為了她離開他親愛的父母和故鄉，到波蘭定居，更

是深深打動了她。相較於那段令她傷心痛苦的初戀，皮耶對她的傾心和尊重，是多麼值得珍惜。

其實，瑪麗一直不能決定是否接受皮耶的求婚，原因並不是對皮耶的感情有所疑慮，而是她曾答應父親畢業後要回波蘭，教育那些困苦的祖國同胞，如今怎能食言？要她嫁給一個法國人而且永遠離開她的家鄉，她如何捨得？但是，皮耶與她相知相惜，已如心靈的另一半，不能分割，再加上她對科學的深厚興趣，終於讓她下定決心，與皮耶共組家庭。

1895 年，瑪麗二十八歲那年，她成了居禮夫人。在給華沙朋友的信上她曾寫著：「當你收到這封信時，你的朋友——瑪麗已冠上夫姓，成為瑪麗・居禮了……定居在巴黎實在是

不得已的事，但是命運讓我們
深深相知相愛，不能分開。」

　　婚禮在皮耶的家鄉舉行。
因為瑪麗是一位實際的人，不
喜歡浪費鋪張，所以堅持典禮
簡單樸實，邀請的賓客也只有
至親好友。婚禮過後，這對新
婚夫婦便用買給自己的新婚禮
物——兩輛腳踏車，度蜜月去
了。

# 6

## 婚後的生活

### 家居生活

居禮夫婦婚後過著清苦但甜蜜的日子，小家庭裡只有從皮耶父母家中搬來的書架和桌椅，以及一張雙人床而已。他們都不是重視物質享受的人，只要能相互討論科學，談心共遊，就很快樂。婚後，瑪麗除了工作、料理家務外，還一邊準備教師資格考試。

在八個小時的實驗工作、幾個小時的整理家務之後，晚上，瑪麗會坐下來將一日所有的開銷詳細記錄下來，然後開始聚精會神的準備教師資格考試。有時，她會感覺到另一盞燈下的一雙溫柔的眼睛，便抬起頭接受皮耶關愛的眼神，彼

此默默的交換一個微笑。

　　空閒的時候，皮耶和瑪麗就會騎著他們用結婚禮金買的腳踏車，到處尋幽訪勝。當他們想到林間小徑探訪時，就將腳踏車停放在農家的屋舍前，除了羅盤和一些水果，什麼也不帶，漫步在幽林中。一到週末或假日，除了探望皮耶的父母親和玻尼雅一家外，他們很少與其他人來往。這段新婚日子，對他們來說是既平靜又甜蜜，如同神仙生活一般。

## 工作與家庭

　　在日常生活上，皮耶不是個挑剔的丈夫，他了解妻子在科學上的智慧勝過做家事。瑪麗不是烹飪高手，但皮耶也從不在乎，有時連吃下的東西是什麼都不知道。雖然皮耶在家事上也完全幫不上瑪麗，但他

十分尊重妻子在家裡所做的每一件事。這在當時那個以男性為主，往往認為女人的任務只是傳宗接代的社會，實屬難得。

20世紀初，女性大多留在家中全心照顧丈夫與兒女，很少外出工作。但是瑪麗不僅忙於工作，還能把家中整理得井然有序。這並不是因為她喜歡做家事，而是她認為這是她的本分。瑪麗用幾近研究科學的精神處理家務，她常常用精簡的字句記下她成功或失敗的烹飪經驗，對日常花費更是一筆不少的翔實記錄，顯示出她一絲不苟的認真精神。瑪麗的工作筆記上，時常會出現家用帳目的記載，甚至還有食譜，可見她是多麼用心於工作和家庭之間。

1896年8月，瑪麗以第一名的優秀成績通過教師資格考

試。同時她也積極尋找研究的方向。她首先做磁性的研究，因為皮耶是這方面的權威，可以給她很多學術與經驗上的指導；她還從一家冶金公司取得免費的金屬樣品，可供實驗之用；另外，還有一位教授願意為她做數據分析。在做學術研究的準備上可以說是萬事具備了。在那個僅有極少數女性科學家的時代，瑪麗埋頭苦幹，盡情享受研究科學、發現科學的樂趣。她對所有的研究工作非常認真，實驗結果既完整，準確性也高，和男性科學家一樣出色。這一點，皮耶和她都不曾懷疑。

當瑪麗正全心全意致力於科學研究時，她發現自己懷孕了！雖然她渴望有個孩子，但是懷孕初期出現的身體不適、容易疲勞等症狀，讓她的體力

大不如前，人也蒼白消瘦了許多。最讓她苦惱的是，現在她沒辦法像從前那樣的工作了。

1897 年，大女兒愛琳出生了。在瑪麗懷孕期間，皮耶的母親正在與癌症對抗，愛琳出生後不久，皮耶的母親就去世了，皮耶的父親在傷心之餘，乾脆把自己的診所結束，搬來與皮耶夫婦同住，如此一來，便可以節省不少生活開銷，也可以幫忙照顧孩子。皮耶的父親相當開明，他了解皮耶和瑪麗對科學研究的執著和熱情，所以他願意幫他們照顧愛琳。皮耶和瑪麗能在科學上有卓越的表現，也是因為皮耶的父親總是在背後支持他們，使他們倆完全無後顧之憂。

皮耶和瑪麗兩人在研究工作上各自獨立發展，也能尊重彼此的研究成果。當皮耶的學

生或同事來實驗室時，她並不多言，但是談起她專業領域的理論或問題時，她就成了主要發言人；皮耶認為瑪麗在數學方面的才華比他強，瑪麗則認為皮耶工作態度嚴謹而且有毅力，還有超人的洞悉能力，他們兩人互相欣賞也相輔相成，真是最佳伴侶，也是最好的朋友。她寫信給姐姐玻尼雅:「我的丈夫是世界上最好的丈夫，我從沒夢想過會有個這麼好的伴侶，他是老天賜給我最好的禮物。」

　　婚後他們倆雖然很忙碌，但這也是他們一輩子最快樂的一段時光。愛琳出生後，雖然在時間上更加不夠支配，但是瑪麗仍非常快樂。

# 7 發現新元素

## 從一道神祕光線開始

　　19 世紀到 20 世紀的初期，是物理學與化學發展的黃金時代，道爾頓＊提出了分子＊理論、倫琴發現了 X 射線、門得列夫＊制定了化學元素週期表……真是個百家爭鳴的年代。

放大鏡

＊道爾頓　(John Dalton, 1766～1844) 英國知名的物理學家與化學家。他將古希臘以來，認為「原子（分子）是一切事物的本質」這樣的觀點帶入化學實驗中，對近代科學造成了革命性的影響。道爾頓當初提出「原子論」，認為原子是物質基本粒子，但經後人研究了解他所提出的其實是分子論，而當時誤稱為是原子論。

＊分子　(molecule) 在物理化學界，分子是構成物質的最小單位，具有該物質的化學性質。分子由原子組成，但原子不再具有原物質之性質。

＊門得列夫　(Dmitry Ivanovich Mendeleyev, 1834～1907) 俄國化學家。他發現了元素週期律，將元素按照其原子量的大小順序排列，初創了「元素週期表」；他的《化學原理》被公認是當時化學界的決定性著作，影響了許許多多的化學家。

當時的理論與研究，均為近代的物理與化學發展奠下了重要的基礎。

在這些重要的發現中，其中有一項引起了瑪麗的注意，那就是德國科學家倫琴所發現的「X射線」。1896年1月，倫琴在某個會議上提出了一份報告，內容是他拍攝的手部照片。那可不是張普通的照片，照片上的手掌與我們平時所見的完全不同──那是一張皮肉近乎透明，手骨卻清楚可見的人類手掌！這是倫琴在做實驗時偶然發現的一種神祕光線所造成的影響，他把這道神祕的光線以代表「未知」的「X」命名為「X射線」；這就是現在我們所說的「X光」，醫生可以利用它穿透皮肉的特性，觀察到肉眼無法看到的骨骼構造。

　　同年 2 月，專門研究磷光的法國物理學家貝克拉兒也進行了一項實驗，探討磷光線是否與倫琴發現的 X 射線有關。令人驚訝的是，他發現在完全沒有光的照射之下，磷光物質鈾鹽竟然也能發出不知名的光線！他又做了很多次實驗，發現鈾鹽發出的光線與 X 射線一樣，能穿透非金屬物體。

　　瑪麗在婚後便開始思考研究工作的方向，常常和皮耶一起討論她攻讀博士學位的研究主題。有一天，時常關心科學進展的瑪麗問皮耶：「你有沒有注意到倫琴提出的報告？他發現真空電極管會發出一種很特別的光線。」

　　「是呀！真是非常奇怪。雖然眼睛看不見這種射線，但是底片卻會感光。」皮耶早已注意到了。

「更奇妙的是，這道不知名的光線，可以透過紙張，也可以穿過皮膚，遇到金屬類就無法穿透。因為倫琴無法解釋這道神祕的光線，所以就乾脆叫它 X 射線。真是有趣！

「還有，你注意到了嗎？當他把手掌隔在電極管和底片之間時，底片可以感應出不同的深淺，淺色的部分正好是手掌骨骼的形狀，也許骨骼中所含的鈣質正好隔阻了 X 射線也說不定？

「你有沒有想過，究竟這種射線是從哪裡來的？有沒有天然的來源？有辦法用物理方法測量嗎？……」瑪麗腦中浮現出一大堆的問題，與博學的丈夫，相互討論，一同腦力激盪。

「這是科學界現在最熱門的話題，也已經有了很多的推

測，但是仍然找不到確切的答案。如果我們和那些科學家一樣，恐怕也只會白忙一場。倒是最近法國的貝克拉兒發現鈾鹽也能發出類似的射線，或許我們可以用鈾鹽來尋找這種射線的來源與形成原因。」

「那麼，我們以尋找這種射線的來源作為我博士論文的主題，你覺得如何？我們就用『輻射線』或『放射線』來稱呼這種新的射線吧！」瑪麗興奮的說。

這對夫妻不但是愛情的伴侶，也是科學界的最佳拍檔，但誰也沒想到，這些討論內容醞釀出未來一項震撼科學界的新發現。固然有倫琴偶然發現的 X 射線，才可能有後來對放射線之謎所進行的諸多探究，然而若沒有像居禮夫婦這樣好奇好學的人，放射線之謎不知

道要多久才能解開。而居禮夫婦的構想只是個起點，接下來的研究過程才是他們人生最大的考驗。

## 意外的發現

倫琴和貝克拉兒提供了一個全新的主題，讓瑪麗一頭栽進去，日夜不分的忙碌。她十分明白，為了與男性取得平等的地位，自己必須付出加倍的努力。

鈾具有輻射性，在當時已成為不爭的事實，科學界也認定鈾是獨一無二的輻射元素，因此瑪麗選定鈾來研究——為什麼鈾具有輻射性？其輻射線如何產生？是不是有其他的物質也擁有相同或是相類似的能量？

一開始，瑪麗得到的成果與許多從事這領域研究的學者

並沒有太多不同，直至皮耶改良了電流儀，才讓瑪麗的研究突飛猛進。瑪麗利用皮耶設計的電流儀測定射線的強弱，是非常重要的一步，因為有了定量分析，才能找尋放射線的來源；皮耶雖然忙於他自己的研究，也不時提供自己的意見，與瑪麗討論。

在他們實驗室的隔壁，有一座地質研究室，瑪麗就拿那邊所收集的許多礦石來一一測試。出乎意料的，她發現釷元素也具有相同的能量，和鈾一樣具有輻射性。

居然還有其他元素也能夠釋出放射線！這個研究結果表示，大自然中不只有鈾以及鈾的化合物才具有輻射能，還有其他元素也具有輻射能，甚至可能還有許多新的元素仍待發現！於是瑪麗逐步擴大搜索範

圍，開始測試不同的化合物。在這些測試中，她觀察到一個令人困擾的現象，那就是在從一種叫做瀝青鈾礦的化合物中將鈾提煉出來之後，剩餘的殘渣裡，居然還測得到輻射性的存在，而且這個輻射線比起鈾或是釷都還要強！

　　「這是怎麼回事？是不是電流儀有問題？」瑪麗忍不住質問皮耶。

　　「不可能啊，我已經檢查過電流儀，一點問題也沒有。是不是妳沒有把鈾完全抽離乾淨？還是測量的數據有誤？」皮耶提出質疑，他懷疑在實驗的步驟中是不是出了差錯。

　　「這也不可能啊，我不止一次的重新測量，又反覆的實驗，很確定已經將鈾從瀝青鈾礦中完全提煉出來了。我甚至還拿純鈾的測試結果與這些瀝

青鈾礦的殘留物比較，結果還是一樣：瀝青鈾礦的放射性比較強！」

「如果我們的方法和儀器都沒有問題，那麼數據就是數據，不容否定。」皮耶冷靜的分析。

「嗯……你說得對。在正常情況下，如果檢測結果有疑問，原因不外乎數據有誤失或是理論不周全，但現在肯定我們使用的方法與儀器都沒有問題，數據也絕對不可能出錯，這就表示……」瑪麗的眼中閃著懷疑。

「妳在想什麼，瑪麗?」既然數據沒有誤失，當然就是原先設定的理論不周全。皮耶感覺到瑪麗似乎有什麼靈感，滿懷期待的問。

「我猜，這些礦物中必定還有其他元素，放射性比鈾和

釷更強，而且這物質一定是沒有被列在元素表內的元素！」瑪麗說出她心中大膽的假設，口氣出奇的冷靜。

「瑪麗，我也有同感，至少目前各種測量數據都支持這項假設。」

「我們要不要整理出一份報告，在兩個月後的法國國家科學院裡提出，然後聽聽別人的意見？」

雖然皮耶不贊成在確切的結論出現前，就匆忙的公布未成熟的研究成果，但這畢竟是瑪麗的研究，既然瑪麗決心讓世人早一步得知這個改變科學界的大事，他也尊重瑪麗的決定。

按照當時的慣例，有資格在科學院中發表論文的，只有科學院的院士，因此不具有院士資格的居禮夫婦，無法親自

發表他們的研究成果。瑪麗只好委託她在蘇邦大學的老師利普曼，在院中代為宣讀論文。

在當時科學界百家爭鳴的時期，瑪麗急於發表研究成果以證明自己的舉動並無不妥，只可惜兩個月以前，一位德國科學家就已經在柏林發表的論文中，提出釷元素也具有放射性的結論了，瑪麗還是晚了一步。但是她的論文中更有貢獻的是，她預見了自然界中還存在著放射性比鈾和釷更強的元素；她藉由測量物質的放射性來發現新元素的方法，也開啟了後來科學研究的門扉。可惜正如皮耶所料，此時還沒有任何清楚證據能夠說明這種新元素的存在，瑪麗的論文也就無法引起物理學界的注意。

## 新元素的發現

　　雖然這篇在法國國家科學院發表的論文，無法引起學界的矚目，但是瑪麗一點也不灰心，她知道她的理論是正確的——只差尚未提出更具體的證明而已。慧眼獨具的皮耶也看出瑪麗研究主題的可能性，以及未來在科學界可能造成的重大貢獻，便決定放下自己正在進行的晶體實驗，全心協助瑪麗的放射性研究。就這樣，兩顆偉大的頭腦與四隻敏捷、勤奮的手聯合起來，共同為揭開這塊科學界的神祕面紗全力以赴。

　　瑪麗與皮耶決定繼續在瀝青鈾礦中，探尋這未為人知的新元素。瀝青鈾礦的構造早已不是祕密，從中提煉出鈾以及製造玻璃飾品的方法也廣為人

知，但是眾多的科學家竟然從未發現其中隱含的祕密，這表示新元素在瀝青鈾礦中所占的比例一定非常的低；而按照之前的紀錄，還沒有經過處理的瀝青礦渣，放射性就比鈾強出四倍之多，如果能夠徹底將這種新元素分離出來，不知道能量會有多驚人！如果居禮夫婦知道他們正在探查的新元素，在瀝青礦中的含量還不到百萬分之一的話，不知道會有多麼驚訝！

於是他們開始著手進行瀝青礦渣的分離工作。他們先以蒸餾法將瀝青礦中的各種化合物分離出來。所謂的蒸餾法，就是先煮沸，再利用各種物質沸點不同的特性，從而達到分離出組成物質。至於較不容易利用蒸餾法處理的化合物，他們就利用物質在煮沸後的冷卻

過程中，會在不同溫度下結成晶體狀的特性，逐一分離。

當化合物被初步分離出來之後，他們就利用儀器，測量放射性；當發現檢測的成分具有放射性，就再用蒸餾法或結晶法，讓它們更加純化，一步步縮小研究的範圍。

瑪麗與皮耶廢寢忘食的反覆操作這精細又費時的步驟，偶爾停下來思索、討論，再繼續重複的過程。他們正在進行的實驗與利用的新科學方法，逐漸引起科學界的注意，甚至連發現鈾鹽中含有放射線的貝克拉兒也前來助陣。終於，隨著瀝青鈾礦的所有組成成分逐漸被披露在他們面前，他們驚訝的發現，原來瀝青鈾礦中，含有放射能量的未知元素竟然有兩個！一再析出、純化的努力，讓他們在距瑪麗那篇論文

發表才過三個月，就能夠確切的宣布發現了其中一種新的放射性元素的存在，而且這個新元素的放射能量竟然超過鈾元素三百多倍！

「妳應該為這個新元素取個名字。」皮耶對著愛妻說道。他充滿愛憐的看著瑪麗，這一陣子的辛勞不僅沒有使她因此放棄，反而讓她更加奮不顧身的一頭栽進研究中。

「那麼我們就稱這個新元素為『釙』，以表示對我的祖國波蘭的敬意吧！」看著皮耶，瑪麗不禁想著：有他的陪伴，是多麼幸福的一件事呀！

挾著證明新元素存在的興奮，瑪麗決定更進一步證明第二種元素的存在。她與皮耶仍然在潮溼的工作室中，以無盡的熱情，一次次的做著實驗。

1898 年，居禮夫婦利用各種測

試的方法，終於成功證明並正式宣布新元素——鐳，震撼了科學界。

## 鍥而不捨

鐳，是居禮夫婦為這個初步檢驗出來，放射性超過鈾九百倍的新元素所命的名，拉丁文的原意就是「輻射」。現在我們知道，鐳的發現，讓科學家得以找出輻射線的來源與性質，使往後的原子科學界獲得了前所未有的豐碩成果，但是對此時的居禮夫婦而言，還有一段很長的路要走。

這是因為，新元素的特性推翻了科學家們幾百年來深信不疑的基本原理，他們還無法理解：這種放射線的性質到底是什麼？為什麼會有元素能夠自己放射出輻射線？它的能量又是從何而來？更重要的是，

就算居禮夫婦到目前為止的研究數據全是正確的，但它們都不過只是證明理論上的存在而已，既沒有人親眼看過含鐳物質，也沒有人親手對它做過研究，或秤得它的重量，因此，不管是物理界的同僚，或是化學界的學者，對居禮夫婦的發現雖然很感興趣，也看出它未來的發展潛能，但是他們此時只能抱持著半信半疑的態度。

「瑪麗，看樣子科學界還不能完全相信我們的發現呢！」皮耶語帶苦澀的對瑪麗說道。

他知道，鐳就好像兩人的孩子一樣，是他們耗費無盡苦心與才智的產物，如今這個成果得不到世人的接受，可想而知瑪麗會有多難受。但是他也知道，依照瑪麗不屈不撓的個性，這點挫折是擊不倒她的。

果然，瑪麗堅毅的回覆皮

耶：「我們的發現本來就是前所未有的，所以科學界的態度也不是不能理解。畢竟，在真正提煉出純粹的鐳，並測得其原子量之前，我們的理論都還不算完整。」瑪麗的眼中燃起了熾熱的火燄，彷彿已經迫不及待要回到他們的實驗室，繼續埋頭苦幹。

「妳說得對，如果我們的理論完整，也就不用擔心學界的疑慮了。讓我們先想想該如何著手吧！」看到瑪麗的反應如他所預料，皮耶也不禁躍躍欲試。

「如果要繼續追尋下去，我們將會遇到三大困難：第一是原料。在瀝青鈾礦的組成成分中，鐳只占了極少的比例，這表示我們需要大量的瀝青礦渣，才有可能得到我們想要的成果。但是我們要去哪裡找這

麼多的礦渣？第二是經費，即使找到礦源，我們又哪來的錢去購買？」

瑪麗沉思片刻又說下去：「第三是場地──這場地還不能太小，因為我們不知道要用多少瀝青礦渣才能把這新元素提煉出來。」瑪麗說出了這些煩惱後，眉頭緊鎖，不知如何是好。

瀝青鈾礦是一種價格十分昂貴的礦石，因為可以從中提煉出鈾，提煉出的鈾之後可用來製作玻璃；奧地利境內的波西米亞，就是因為盛產瀝青鈾礦，因而以製造美麗的玻璃飾品聞名。對於連研究工作的進行都嫌窘迫的居禮夫婦而言，根本沒有辦法購買這麼大量的原料。

幸好，兩人想到瀝青鈾礦的高價，是由於可以從中提煉

出鈾的緣故，現在他們需要的根本就不是鈾，提煉出鈾之後的殘渣，就很符合他們的需求了；而鈾礦殘渣，在商場上價值不高，現在居禮夫婦願意處理這些外人眼中的「垃圾」，奧地利政府便很樂意的免費贈送給居禮夫婦，做為研究之用了。

　　「至於場地的問題，我們先去蘇邦大學洽詢看看，校園這麼大，找個場地充當實驗室應該不難。」雖然皮耶不改他樂觀的本色，但是蘇邦大學還真的找不到一處空地，能夠充當他們的實驗室。幸好皮耶任職的物理暨化學工業學校願意提供他們實驗的場地，才解決了這個燃眉之急。

　　這間「實驗室」，其實只是一間廢棄的小倉庫，原本是醫學院的學生用來儲放、解剖

屍體的地方。它的屋頂天窗殘缺不堪，下雨天時漏雨，出太陽時熱得像烤箱，冬天時冷得像雪屋；地面只鋪著一層凹凸不平的瀝青；屋內的擺設，只有幾張破舊的桌子、一塊殘破的黑板，以及一個年代久遠、生滿鐵鏽的爐子。屋子裡面的空氣既潮溼又骯髒，到處是灰塵與蜘蛛網，連工人都不願意在那裡工作。後來一位參觀這間實驗室的化學家還說：「我堅持要參觀他們的實驗室，卻只看到一間好像是馬廄還是地窖的地方。要不是工作臺上確實擺有化學實驗的儀器，我還以為他們在騙我呢！」

但是場地的好壞對這兩顆充滿研究熱誠的心，完全不構成影響，居禮夫婦只求有地方能夠進行他們的實驗就心滿意足了。

當遠從奧地利運來的第一批鈾礦礦渣卸在實驗室前的露天庭院時，瑪麗簡直無法抑制滿心的興奮之情，還等不及礦渣完全卸載完畢，她就迫不及待的衝向前去，用因為激動而顫抖的雙手，解開包覆礦渣的麻袋，將她期待已久的鈾礦礦渣捧至眼前，聞一聞那來自波西米亞森林的松木味道。她知道，她將會在這裡度過她自大學時期以來，最興奮的研究時光——這一次，她是與丈夫一同度過。

## 陋屋四年

只要看過瑪麗在實驗室裡工作的樣子的人，沒有一位會忘記當時的情景。由於皮耶此時仍在學校裡負責教學與指導學生的工作，沒有辦法整天都待在這座「工廠」裡，因此他

負責比較精細的分析研究鐳的特性，以期能更清楚的了解這個新元素；瑪麗則負責直接處理這些礦渣來抽取含鐳物質。

由於現在要做的，不是像當初只要在理論上證明鐳元素的存在，而是要析解出實實在在的含鐳物質，而鐳在鈾礦礦渣中所占的比例非常的低，想要成功分離出鐳勢必要用掉好幾噸的鈾礦殘渣。這使得瑪麗常常每一批就要處理多達二十公斤的礦渣！

那麼一次處理這二十公斤的礦渣，會有哪些步驟呢？首先，她要先將殘渣搬到實驗室的大鐵鍋中煮沸，為了要比較完整的排除殘渣中的雜質，她必須用一根與她一樣高的沉重鐵棒，每天幾個小時，連續幾週，不斷在鐵鍋中攪拌。這不過是第一道化學還原的程序！

接下來還要把這些處理過的殘渣用化學藥劑加以洗滌，然後蒸餾、結晶、測量，之後再反覆進行同樣的步驟。

陋屋裡堆滿了盛放溶液與沉澱物的大鍋、大瓶，她必須時常傾倒存放在這些笨重器材中的液體，還要隨時回去攪拌大鐵鍋裡沸騰的鈾礦礦渣。

這僅僅是處理一次二十公斤左右的殘渣所必須進行的步驟而已，別忘了，還有十幾噸的殘渣在等著她處理呢！

因為這是全新的探索，完全沒有前人的經驗可依循，所以往往會產生令人感到挫敗的實驗結果；而簡陋的實驗室，更使她的工作難上加難。

原來，在實驗過程中，濾清後的溶液必須放在容器中凝結，凝結的過程中如果有灰塵或煤屑落入，之前所有的努力

便全部白費，一切都要從頭再來，因此他們非得小心翼翼的保存這些產品不可。但是，在這間小陋屋內，即使他們能避開從破陋的天窗傾洩而下的雨水，也無法阻止風從排毒氣的通風口吹進來。在起風的日子裡，整間實驗室瀰漫著灰塵、煤屑，一下子就污染了細心純化的產品，讓瑪麗工作許久的成果毀於一旦。

這看似永無止境的虛擲光陰，讓瑪麗覺得疲憊不堪，皮耶也常感到兩腿發麻、腹部疼痛，一度想放棄實驗。皮耶的病情與消沉，令一向堅定的瑪麗也不禁感到害怕，她絕望的對皮耶哭訴：「皮耶……如果我們兩人之中有一個死了，剩下的一個也活不下去的。我們怎麼能夠失去彼此而活在世界上呢？」妻子的崩潰，反而喚醒了

皮耶的科學精神。他靜靜的凝視瑪麗充滿悲傷的容顏，然後說：「不對！瑪麗。不管發生了什麼事，即使一個人變成沒有靈魂的軀殼，也應該堅定的工作下去。」於是，在互相激勵打氣下，兩人又能夠重新振作，逐步完成他們的夢想。

1902 年，在第一次宣布發現鐳存在的四十五個月後，居禮夫婦終於以不屈的意志，打贏了這一場經年累月的持久戰——經過了數千次的蒸餾、分離、濃縮、結晶，瑪麗成功的從將近十噸的礦渣中，提煉出 0.1 公克的純鐳，並鑑定出它的原子量是 255！那些不肯輕信的科學家，那些主張眼見為憑的人們，如今都不得不向這位堅持不屈的偉大女性低頭了。

當天晚上，居禮夫婦像往常一樣，在工作結束後回家準

備晚餐，照顧孩子洗澡睡覺。雖然已經工作了一整天，但是兩人卻都心繫著實驗結果。當他們倆忙完瑣事，坐下來休息時，瑪麗忍不住說：「皮耶……要不要去實驗室看看？」

皮耶也心有靈犀的回以笑容：「當然好，我們走。」

於是兩人披上外套，又回到實驗室。瑪麗故意不開燈，在走進放置結晶的實驗室時，問：「皮耶，你覺得它會是什麼樣子？」

「我猜它會發出美麗的光芒。」皮耶一邊走一邊回答著。

事實比皮耶的期望更令人著迷。含有強烈放射性的鐳，在黑暗中迸射出如燐火般、讓人目眩神迷的藍色光芒。

「啊！皮耶！你快來看！真的好美！」瑪麗忍不住驚呼。

面對著那藍色的光芒，他

們倆沉默的坐了下來。瑪麗的身子微傾向前，像在凝視他們親愛的孩子般，露出充滿期許的神情；她的伴侶則輕輕摟著她，憐愛的撫摸著她的秀髮。

　　瑪麗日後永遠記得這個魔幻般的夜晚。

# 8 悲喜交加

## 艱苦的生活

如果皮耶與瑪麗能專心從事他們熱愛的研究，對他們而言，一定是非常幸福的事，只可惜他們終得跨出實驗室的大門，在現實世界中過活。

在提煉鐳的過程中，居禮家中的生計幾乎全靠皮耶一人支持。物理暨化學工業學校的教學課程，一年高達一百二十節，學校每年給皮耶的薪資，卻只有區區的六千法郎，而光是他們住所一年的房租就要一千四百法郎呢！更不用說維持實驗的大筆費用，以及其他大大小小的開支了。隨著愛琳的出生，皮耶父親的遷入，連同一位傭僕，居禮一家人口已經

增加至五個人，他們的財務狀況也越來越捉襟見肘。

大家可能會覺得很奇怪，像皮耶這麼一位在他研究的領域內，獲得高度成就的學術權威，照理說應該得到相對等的待遇，讓他能夠專心致力於研究，為人類做出更偉大的貢獻才是，怎麼會落到要為生活發愁的田地呢？這是因為當時法國學界的門戶之見很重，皮耶既非主流體系內的一員，現職也不過是個工業學校的教師，他在科學研究上散發的光芒，反而成為人家排擠他的理由。他甚至連蘇邦大學物理教授候選人的資格都無法取得。

另一方面，皮耶本人是位非常謙和的科學家，永遠覺得自己所知有限。他絕不炫耀自己的成就，卻毫無保留的極力推崇他人的研究成果。例如，

當他接受朋友的好意，出馬競逐法國國家科學院的院士的時候，他竟然在評審委員前誠懇的讚頌競爭對手的成就。想當然的，最後他沒有獲得這個職位。

但是隨著居禮夫婦的實驗不斷有所突破，歐洲其他國家也注意到了他們，瑞士日內瓦大學的校長，甚至願意以高額的薪資，提供皮耶一個物理講座教授兼物理實驗室主任的職位。皮耶不僅有權與校方協調實驗室的經費，購買不足的設備，還可以指定兩位助手協助他的研究；而且瑪麗在實驗室中也有正式的職銜。這與他們在法國的待遇相比，簡直有天壤之別，讓他們一度想接受。但是他們擔心如果遠赴異國，恐怕會危及當時正在進行的實驗，而不得不婉拒。

最後，為了平衡家中的收支，瑪麗也只好前往位在凡爾賽附近，一所專門培育中學師資的賽維爾女子高等師範學院擔任講師。對每一件事情都認真看待的瑪麗，花了相當多的時間準備教材、設計課程，並發展出獨特又充滿創意的教學方式，讓校方讚賞不已，也獲得學生的愛戴。

儘管耗費了更多精力，工作時間也被瓜分了，為了完成目標，兩人還是攜手同心，咬牙撐過。

## 殘酷的打擊

1902 年原本應該是個好的開始，實驗有了進展，瑪麗的學業也很順利，但卻接連發生了幾件令人傷心的事。

首先是瑪麗接到了父親病危的消息。

　　熱愛科學的父親，雖然因為在俄羅斯統治下，無法順心的從事科學教育的工作，也沒有實驗室可以進行研究，但是仍保持閱讀科學期刊的習慣，實驗的器材也都完整的收藏於書房中。還記得嗎？瑪麗小時候，就常常跑到父親的書房，把玩那些實驗器材呢！

　　歲月流逝是如此的快速，幾個小孩如今都有了各自的成就，做父親的滿是欣慰，而其中又以瑪麗最令他感到驕傲。每次在期刊上看到這個小女兒發表的論文，他是多麼的欣慰啊！他了解瑪麗正在進行的實驗的重要性，以及對未來科學界可能造成的影響，一直期待能看見她實驗成功的那一刻。沒想到，就在這實驗的關鍵時刻，自己卻忽然罹患重病。

　　得知父親病重，瑪麗立刻

放下實驗，返回家鄉。在返回波蘭的火車上，心急如焚的瑪麗無心欣賞祖國的風光，一心只想著：「快一點，再快一點！」然而，她終究沒能趕上見到父親的最後一面。再兩個月，只要再過兩個月，瑪麗的父親就能看見女兒在科學界引起的震撼。不知道他會多麼高興啊！

　　瑪麗回到巴黎後，她又再一次受到精神與身體上的打擊——她的第二個孩子出生不久就夭折了，這讓她幾乎難以承受。當時有人推測，大概是瑪麗工作太累而影響了胎兒的健康。如果以現在的常識判斷，這非常有可能是長期在具有輻射線的環境下工作所造成的後果。當時並不了解輻射性的危險，所以瑪麗他們不僅在沒有防護的情況下，整天待在實驗室裡，甚至還直接與實驗過程

中的放射性物質接觸，雙手滿是灼傷＊。不過他們也因此發現鐳的灼傷很快就會痊癒，不禁想道：如果將這個特性運用在感染惡症的皮膚上，是不是當灼傷癒合後，病也就痊癒了呢？於是，他們利用鐳放射治療皮膚癌，這樣的方法立刻受到世人的矚目，他們也成為用放射線治療癌症腫瘤的先驅。

## 榮耀加身
### ——第一次獲得諾貝爾獎

1903 年，總算是否極泰來了。瑪麗獲得了博士學位，成為法國有史以來首位擁有博士頭銜的女性。而且，由於對放

放大鏡

＊直至 1999 年為止，去法國國立圖書館翻閱居禮夫人的實驗筆記，參觀者都必須填寫一張若有輻射性感染，願意自己負責的聲明書，可見居禮夫婦當時是在多麼危險的環境中從事研究工作。

射性現象的研究成果，居禮夫婦與貝克拉兒，同時榮獲了諾貝爾物理獎；瑪麗成為史上第一位獲得諾貝爾獎的女性！

獲得諾貝爾獎，連帶也得到了獎金七萬法郎，這大大的減輕了他們的經濟負擔。他們除了將獎金用在實驗上，瑪麗還幫助玻尼雅和姐夫在波蘭成立療養院；波蘭的許多學生、科學社團、實驗室等等，也都是她慷慨樂施之下的受惠者。瑪麗甚至還找到了當年教她法文的老師，並將她接到家裡來住呢！

遲遲未給居禮夫婦應有榮耀的法國政府，此時也終於開始禮遇他們，撥款整修那幢提煉出鐳結晶的破舊實驗室，不過瑪麗認為他們的研究經費才是重要關鍵，而不是那棟建築物。到最後，實驗設備還是沒

有著落，她為此相當不高興。

對放射性的研究與新元素的發現，使瑪麗與皮耶舉世聞名，也引來了媒體的關注。他們都不喜歡媒體的渲染，只好盡量避開在大庭廣眾下出席的場合，不參加宴會也不受邀拍照。盛名帶來的榮耀與注目，影響了他們原本平靜的生活。來自四面八方的各種邀約和論文發表演說，不僅使他們喘不過氣來，也干擾了他們做研究的時間。

瑪麗在得獎的後一年又懷孕了，她說自己整天想睡覺、想吃東西，而且還覺得自己變笨了。由於瑪麗的第二個孩子在出生不久後即夭折，所以，這次她很小心的保護自己和胎兒，姐姐玻尼雅也到巴黎幫她的忙。1904 年 12 月，瑪麗順利生下了一個健康可愛的女兒，

取名為伊芙。多年來她一直壓抑著的情感，在小女兒伊芙出生後流露無遺。

## 噩 耗

在一個春天的傍晚，瑪麗像往日一樣，忙完了工作就回家準備晚餐。那天天色陰暗，又下著雨，路上滿是泥濘。皮耶結束他與科學系教授們的午餐聚會後，又去了出版社，校對他即將出版的書稿。

皮耶最近常感到疲倦，尤其雙腳更是無力，此時他雖然急著想回家，但是兩腿不聽使喚，就是走不快；心中又一直想著正在進行的研究工作，完全不在乎他的傘擋住了視線，因此在過馬路時，沒有發現迎面而來的馬車。路人緊張的呼叫，要他小心，他卻在驚慌中滑倒，一時站不起來；馬車夫

來不及剎車，就從皮耶身上無情的輾過，皮耶當場因頭蓋骨破裂而死亡。那天是1906年4月19日，皮耶才四十七歲。

當皮耶的兩位同事突然出現在居禮家門口，瑪麗忽然覺得有股不祥的預感，但她萬萬沒有想到是這個晴天霹靂的噩耗！她無法想像自己身旁少了愛侶、家裡兩個女兒失去了慈祥的父親、研究室裡少了一位良師益友的日子該如何度過。瑪麗在悲慟中獨自流淚，萬念俱灰。才三十九歲的她，該怎麼辦？結婚十一年來，她已習慣了與皮耶相互依賴和打氣鼓勵的日子，沒有了皮耶，就沒有了安全感。在瑪麗冷靜的外表下，其實一直依賴著皮耶，需要皮耶給她的安全感！

但不論如此巨大的悲痛是多麼令人難以接受，瑪麗從不

對人哭訴，也不准任何人提起皮耶，只在日記中她才真情流露，傾吐她的悲傷，後人也才能從她的紀錄中，得知她當時的心情。她曾寫道：「皮耶！我的皮耶！你靜靜的躺著，像一個可憐的傷患……你的唇如今蒼白而無血色，那曾經是我至愛的唇啊！……你的頭，受到了多麼無情的撞擊，那是我經常用雙手愛撫的頭啊！」

　　葬禮過了兩週後，她又在日記本上寫著：「我的皮耶！我沒有辦法不想你，我的頭疼欲裂，內心充滿慌亂和疑慮，我不能相信再也見不到你了──我的摯友至愛……我真想像野獸一樣大叫大吼一場……」她幾乎每天都在日記中向皮耶訴說心事，卻對別人不理不睬，也未曾向女兒透露關於失去她們的父親的隻字片語。當時，

老大愛琳已九歲，小女兒伊芙才十六個月，她們都被託寄在瑪麗的朋友家。

要是瑪麗真能大哭大吼一場就好了，但是她不說話，把自己關在房中，就像當年失去母親和大姐一樣。她整個人像一具沒有靈魂的軀殼，問她什麼都不回答，最後還是二姐玻尼雅前來照顧她。玻尼雅抱著她、哄著她，就像她年幼時一樣。

有一天晚上，瑪麗帶著玻尼雅進入臥室，拿出一件厚重的包裹。她慢慢解開繩子，打開紙袋，裡面是一團污黑、沾著血漬的衣物。玻尼雅這才知道，那是皮耶受傷時所穿的衣服，瑪麗一直收藏著，不許任何人去碰那些衣物。

玻尼雅不可置信的看著瑪麗，只見她緩緩拿起剪刀，開

始把這些衣物剪成碎片，然後把碎片丟進火爐。看著那些衣物的碎片被燒得蜷曲、焦黑，然後消失，瑪麗再也壓抑不住淚水，「我不能讓別人碰這些東西，皮耶是我的，他的一切都是我的……失去他，我該怎麼辦呢?」她不斷的問著、哭喊著。在玻尼雅的安慰下，她終於放聲大哭，不只是為皮耶哀號，也為自己痛哭失聲。玻尼雅花了好長的時間安撫她、陪伴她，才終於讓她平靜下來。

幾個月之後，一向冷靜的瑪麗，想起她和皮耶共同的理想，這提醒了她，雖然皮耶的死是她人生中的重大打擊，但她不能就此消沉下去，而必須打起精神去安排未來的事。她還想起皮耶生前提過，如果他們其中一人先離開人世，活著的那人必須為另一人完成研究

——不僅是為了對方，也是為了科學。這份使命感，讓瑪麗毅然肩負起所有的責任，她終於恢復了她昂首冷靜的態度。

## 居禮教授

在剛失去皮耶那段哀痛的日子裡，瑪麗的朋友和親人都為她擔憂：瑪麗從此以後將成為一位單親媽媽，帶著兩個稚齡的女兒，未來的日子要怎麼過呢？曾有熱心的朋友想為她募捐，作為兩個女兒未來的教育基金，但她的回答卻只有兩個字：「反對。」

她要活得有尊嚴。

瑪麗雖然擁有諾貝爾獎得主的頭銜，但是學界大多數的人，不是認為她是沾了皮耶的光，就是不願意承認女性有和男性一樣的頭腦和工作能力。但是隨著瑪麗的名氣越來越響

亮，學界再也不能刻意忽視她了。於是，瑪麗終於得到蘇邦大學的教授職位，將接替皮耶的工作，講授物理課程，她也因此成為蘇邦大學有史以來第一位女教授。

1906 年 11 月 5 日，瑪麗接替皮耶職務後的第一堂課，蘇邦大學的廣場聚集了很多來聽講的群眾，慕名而來的名流貴婦比學生還多 —— 這可是這位女性大學教授的第一堂課呢！

瑪麗一進教室，微微向大家點了點頭，便開始上課。她用平靜而低沉的聲音說著：「當人們回顧物理學的進步時，將會對近十年來有關電氣和物質研究的理論驚嘆不已……」瑪麗從皮耶留下的講義的最後一段，也就是上學期物理課的最後一段話開始，這對臺下的學生與瑪麗而言，有一種承先啟

後的意義，也代表了對皮耶‧居禮的緬懷。許多學生聽了這段話，都不禁淚流滿面。

瑪麗對那些前來聽她講課的名流、記者、攝影師……，不帶任何客套與虛禮，那些來聽講的外行人當然沒聽清楚，也聽不懂她的課在說些什麼。但是她的堅強和努力，讓臺下所有的人心生敬意，有人在事後描寫她當時的容貌說：「她有如畫家筆下的聖母。」也有人形容：「她的臉看不出年齡，但是眼睛可能因為哭泣而顯得無神而疲倦……」

## 精益求精

有人敬佩瑪麗，卻也有人惡言毀謗瑪麗。瑪麗接替皮耶的職缺後不久，有位暢銷書作家出了一本名為《科學公主》的小說。書中的女主角是一位

醫生，雖然已婚又育有一女，但她仍照常行醫。家裡的換洗衣物沒有人洗，孩子因乏人照顧而夭折，丈夫也因為得不到妻子的慰藉而有了外遇。故事的結尾是女主角放棄了自己的前途，回歸家庭，幫助丈夫的事業。其實這本小說所影射的就是居禮夫人，作者暗示，如果瑪麗安分的待在家裡相夫教子，皮耶便不會意外身亡；畢竟家中只有僕人而沒有女主人是不行的！

這本書在當年年底，得到了評審委員全是女性的「婦女獎」。這說明了當時一般女性並不認同瑪麗的作為，甚至帶著嘲諷的眼光看待發生在居禮家的悲劇。更嚴峻的挑戰是來自當時已經八十四歲的英國大物理學家凱兒文爵士。凱兒文爵士對瑪麗一向都很友善，但

在此時，他卻忽然對鐳的發現產生疑問，並把意見投書到倫敦著名的《泰晤士報》上。他的假設是：「鐳不是一種元素，它可能只是鉛和氦組成的化合物。」

　　凱兒文爵士身為物理學界的元老，對後輩的研究成果卻相當不以為然，1906 年的《泰晤士報》幾乎就是這場論戰的戰場。後來，戰場逐漸擴大，連著名的專業雜誌《自然》也捲入，並將幾乎所有當代的科學家都拖入了這場論戰。

　　一向冷靜的瑪麗，針對這場論戰以理性的口吻回答：「爭論是沒有用的，我們就以實驗來證明吧！」她決心找出更多的證據，讓這些人啞口無言——不管這需要花上多少時間。幸好，有位美國的鋼鐵鉅子卡內基＊，非常欽佩瑪麗的求真精

神，願意主動捐助資金，使她能夠訓練一批研究人員和購買設備來進行研究。

首先，瑪麗做了一次更詳盡的實驗，更精確的計算出了鐳的原子量。然後，為了要證明鐳的獨特性，這次她決定不僅要提煉出純鐳，而且還要提煉出金屬鐳。咦？瑪麗之前不就已經成功提煉出純鐳了嗎？那與金屬鐳有什麼不同？

原來，自然界中有許多元素，化學性質都非常活潑，與其他元素一接觸便會立刻產生化學反應，形成「化合物」。

1902年的時候，瑪麗從近十噸的鈾礦礦渣中所提煉出來的，

＊卡內基 (Andrew Carnegie, 1835～1919) 蘇格蘭出生的美國工業家，也是一位廣受世人尊敬的慈善家。他從不吝惜自己的財富，在教育、科學、藝術、社會福利、國際關係等各方面，都有卓著的貢獻。

便是鐳與氯結合而成的化合物「氯化鐳」＊；而現在她要做的，卻是要抽離出鐳的最原始狀態——金屬鐳。就跟我們平時看到的銅、鐵一樣，那是要呈現出鐳的純粹金屬狀態。這可是科學界中最困難的一種分解工作，在瑪麗之前，還沒有人嘗試過呢！

經過了三年的努力，瑪麗終於在 1910 年，成功的將純金屬鐳完全分離出來！雖然凱兒文爵士等不及瑪麗的證明就去世了，但是現在世人對於鐳的存在，已經不再存有任何的懷疑，而瑪麗的成就，也證明了她不是一位只靠丈夫的研究而

**放大鏡**

＊氯元素在自然界不會單獨存在，通常會與鈉元素相結合，形成「氯化鈉」，也就是我們平時的食鹽。與氯結合的化合物，也是以鹽的狀態存在的。而因為氯不是金屬元素，所以不會影響瑪麗的實驗結果，她只需將氯化物中除了鐳以外的元素排除，就可以得到純鐳了。

成功的科學家。她的聲譽達到前所未有的高峰。

　　1911 年 11 月，諾貝爾獎再度頒給了瑪麗。這次她得到的是化學獎，表彰她成功的提煉出金屬鐳，以及對鐳元素特性的研究。她不僅是史上第一位兩度獲得諾貝爾獎的得獎人，更令人佩服的是，她在物理和化學兩大領域都取得了偉大的成就。瑪麗的能力和毅力已被肯定，她成了科學界中一顆無人能超越的閃亮明星。

# 9 親子關係

## 家庭教育

　　瑪麗雖然把大部分時間花在研究工作上，但她對兩個女兒的教育也從未輕忽。在教養女兒的方式上，她並不隨俗，對於教育，她充滿了自己的創意。

　　由於瑪麗和皮耶都喜歡騎自行車旅行，所以她也要孩子多接近大自然，並接受科學知識。對於教育，瑪麗和皮耶的父親都認為孩子應自由發展。瑪麗找了一些有同樣理念的科學界朋友，各自負責不同科目的教學。他們每天只為孩子們上一堂課，瑪麗負責教數學和化學，也有人教繪畫與音樂，他們還時常帶孩子們去巴黎著

名的博物館羅浮宮參觀。這種多元化的教學法，讓愛琳和伊芙從小就學會多種語言，也具備了烹飪、騎馬、滑雪、彈琴等才能。

皮耶去世時，兩個女兒還年幼，大女兒愛琳九歲，小女兒伊芙還不到兩歲。悲傷過度的瑪麗只在工作場所和家庭間往來，既沒有社交生活，也不理睬朋友。她曾在日記本上寫著:「我已經完全失去與人交談的習慣。」在這種情況下成長的女兒，對母親自然敬多於愛。她們在母親用心安排下學習，全力以赴得到好的成績，以博取母親的歡心。

姐妹兩人的個性不同，愛琳比較像父親，對科學的愛好也使她和母親比較接近；伊芙沒有經歷過父母艱困的日子，又有爺爺全心的疼愛，因此個

性較活潑，傾向藝術家自由開放的性格。伊芙喜愛時尚的衣著、奇異的裝飾，常使保守的瑪麗大開眼界，即使如此，瑪麗也任由她「我行我素」的發展。

皮耶的父親是一位風趣又富童心的好爺爺，幫了皮耶與瑪麗的大忙，讓他們可以安心工作。皮耶去世後，幸好有他一直與媳婦、孫女同住，讓愛琳和伊芙不會因為父親去世、母親忙碌而缺乏家庭溫暖，姐妹兩人的童年和青少年時期，都在爺爺的關愛中度過，一直到他去世，愛琳和伊芙都過著健康快樂的生活。

他也是一位很有智慧的老人，由於瑪麗不准女兒在家提起皮耶，當愛琳和伊芙急著想知道自己的父親是個什麼樣的人物時，他就會用編故事的方

式，把皮耶轉化成各式各樣的動物說給她們聽，讓姐妹倆能認識自己的父親。也因此她們和爺爺的感情特別深厚，伊芙在她所寫的《居禮夫人傳記》中，就有非常多描述爺爺的文字。

## 母女之間

瑪麗在年輕時期的堅強專注，到了孩子長大後就比較放鬆，事實上她相當依賴大女兒愛琳，與愛琳的感情也比較親密，因為愛琳可以與她談論科學，這是瑪麗最愛的話題。

成年後的愛琳曾描述與母親相處的情形：「我習慣早起準備早餐，把早餐端到母親的床邊，這是安詳而寧靜的時刻，我們一起談文學、科學或其他的事。……母親年輕時也愛讀書，喜歡的文學作品、詩集，

她也都能背誦回味。每當我讀到雨果＊等文豪的作品，她也會聽我背誦、評論。……有時我在晚上出去欣賞歌劇或音樂會，回到家也愛坐在母親床邊與她談論演出的種種情形，直到深夜。」

伊芙筆下的母親又是另一種面貌：「母親躺在房間的長沙發上看著我打扮，她不可置信的說：『哇！女兒，這高跟鞋太高了吧！我不相信有女人穿這樣的鞋子還能走路……還有妳這身袒胸露背的衣服會不會太不像樣？難道妳不怕著涼得到肺炎嗎？』她最不能忍受的是我臉上的脂粉，一向素雅簡樸的母親，無法體會我濃妝豔抹的

**放大鏡**

＊雨果　(Victor Marie Hugo, 1802～1885)
法國人，擁有小說家、詩人、劇作家、人權主義者等頭銜，著有《悲慘世界》、《巴黎聖母院》等多部影響後世深遠的作品。

意義，她常這樣對我說:『為了避免我不舒服，明天早上在妳抹上粉之前，我會先來親吻妳……』」瑪麗寫信給愛琳時會說:「我很高興妳滿意自己的研究。」給小女兒的信裡則會說：「如果人生的樂趣全來自於激烈的愛情，我是絕對不會同意的。」姐妹兩人的差異，以及瑪麗對兩人的疼愛，由此可見一斑。

　　愛琳二十六歲拿到學位之後，便在母親的實驗室分擔部分教學工作，她們一直是工作上的伙伴。皮耶去世時，雖然愛琳才九歲，但是她已能分擔母親的哀痛，有時還會替母親拿主意，幫母親處理事務。她的性格中有父親皮耶的決斷和幽默，對別人的看法或批評都不太在意。譬如她選擇了她自己認為最合適的伴侶，共度此

生，雖然他比她小三歲，能力也未必比她高，但是她一點都不在乎。最受人稱道的是她在十七歲那年就與母親一起走到前線，為第一次世界大戰的傷患服務。愛琳在 1935 年與丈夫因為製造出人工放射線而共同獲得諾貝爾化學獎，這是居禮家族第三度獲獎，這份至高的家族榮耀目前仍無人可超越。

# 10 居禮夫人的貢獻

　　1914 年 8 月，第一次世界大戰爆發，雖然當時瑪麗的經濟情況已好轉，也仍致力於科學研究，可是殘酷的戰爭、死傷無數的人民，令她無法坐視不管，瑪麗相信她的科學研究能對國家有所貢獻。

　　當時已經可以利用倫琴射線做 X 光檢查，協助軍醫找出嵌進士兵體內的砲彈碎片，或確認傷兵體內受傷的情況。但是，只有少數公立醫院才有 X 光服務，軍醫院則完全沒有。於是瑪麗想到：如果能在軍車上裝置 X 光設備，就能夠為戰地傷患服務了。

　　於是，瑪麗一邊向實驗室募集相關器材，一邊請富有的朋友捐助金錢和車輛，就這樣

拼拼湊湊，這些裝有 X 光機的救護車便成軍了。這些車被法國的軍人暱稱為「小居禮」。

十七歲的愛琳得知母親將親自赴前線協助救護工作，馬上要求與母親同行。雖然愛琳並不像母親一樣有強烈的使命感，但是她了解母親對戰爭的痛恨。瑪麗也認為愛琳可以成為她的助手，立刻答應愛琳的要求，並要愛琳盡快到巴黎與她會合。

在繁忙的籌備期間，瑪麗還利用時間充實自己的醫療知識，並不斷練習 X 光機的操作技術，希望能花更少的時間，幫助更多的傷患。

1914 年 10 月，共有二十輛「小居禮」救護車正式運作。這些小居禮，在戰地展開巡迴救護。由於當時死傷嚴重，母女兩人忙得不可開交，因此瑪

麗便徵召更多婦女到前線當護士，又增加了許多定點醫護站，為傷兵們檢查傷勢，消毒治療。

在戰爭期間，數以萬計的法國傷兵都曾接受 X 光機的檢查。雖然瑪麗訓練了不少護士學會使用 X 光設備，仍不足以應付眾多的傷患，不過由於她們英勇的行為和奉獻，也使戰爭的傷亡人數降到最低。瑪麗的勇敢、智慧與愛心，打動了每一位戰士的心；婦女們在戰火中的奉獻，也改變了一般人對婦女的觀念。

第一次世界大戰結束後，瑪麗把心力投注在她與皮耶畢生的夢想——鐳研究所。鐳研究所是由蘇邦大學與巴斯德研究所共同出資成立的單位，以放射線治療癌症的醫學研究為主。

　　瑪麗雖然很慶幸鐳研究所並沒有遭到戰爭的破壞，然而戰後物價的飛漲，讓她無法有足夠的經費添購實驗設備。這時，剛好有一位向來十分仰慕瑪麗的美國女記者蜜西前來拜訪。在知道瑪麗正苦於沒有足夠的實驗設備與鐳做研究，也得知了光一公克的鐳在當時就價值十萬美金之後，蜜西便告訴瑪麗，她可以回美國發起募捐運動，為鐳研究所再添購一公克的鐳，也算是為科學研究盡一份心力。

　　募款的行動很快就獲得美國人的熱烈迴響，瑪麗為了感謝蜜西，也為了感謝美國，決定親自到美國接受這份大禮。最後，瑪麗從美國總統哈定的手中，接受了美國人致贈的一公克的鐳。

　　1929 年，瑪麗再度訪美，

　　為故鄉華沙成立的鐳研究所募集款項，希望能培養更多研究放射物質的科學人才。

# 11

# 最後的日子

　　約莫自 1920 年開始，瑪麗的身體已漸漸出現重大異常的狀況，例如她的兩眼都罹患白內障，幾乎使她的視覺功能喪失。現在我們都知道，她的身體之所以虛弱，很可能是長期暴露於放射線中所導致，其實瑪麗自己也意識到了放射性物質可能具有危險性，她在寫給玻尼雅的信中提到:「或許我身上種種的病變和放射線有關，但我不能確定……」後來瑪麗連續動了四次眼球手術，才勉強恢復了正常的視力。儘管瑪麗仍繼續在蘇邦大學授課，繼續在研究所、實驗室裡工作，不過她也慢慢把工作交給了愛琳，這使她有多一點的時間可以休息。

1932 年春天，瑪麗在實驗室裡跌了一跤，造成她右手脫臼，還有一些小割傷。結果傷口不但久久無法癒合，身體的其他毛病也開始惡化。例如她被放射線灼傷的手指突然變得更嚴重，耳鳴的情況越來越頻繁，接著又發現膽結石。她想起她的父親當年因為開刀取出膽結石而去世，所以她拒絕開刀，只採行控制食物的療法，沒想到情況竟也好轉了。瑪麗為了向親友們證明她仍硬朗，不但與愛琳一家去阿爾卑斯山度假滑雪，後來又與玻尼雅到法國南部的普羅旺斯共度復活節假期。

從普羅旺斯回巴黎後，瑪麗的健康狀況卻更糟了，她一直發著高燒。那天她本來在鐳研究所裡想做些實驗，但是頭痛、身體忽冷忽熱使她無法繼

續工作下去，她想提早回家，回家前還到鐳研究所的花園繞了一圈。這天以後，她便不曾再回到研究所了。

　　回到家後，她只能癱在床上，不停的發著高燒。醫生認為她可能是得了肺結核，要一家人趕緊把她送到山間的療養院治療。在療養院內，醫生又為瑪麗作了大大小小的檢查，結果發現她的器官一點問題都沒有，肺部也沒有異狀。另一位醫生又診斷她罹患的是再生不良惡性貧血。不管如何，瑪麗很清楚，她的人生已走到了盡頭。不久後，瑪麗開始陷入昏迷，並於 1934 年 7 月 4 日，與世長辭。她並沒有來得及參加愛琳與女婿次年的諾貝爾獎頒獎典禮。

1867 年　出生於帝俄統治下的波蘭首都華沙。

1878 年　母親過世。

1884 年　為了讓姐姐前往巴黎留學，隻身離家擔任家庭教師。

1891 年　留學巴黎。

1893 年　完成物理學位。

1894 年　與皮耶相識，後完成數學學位。

1895 年　與皮耶結婚。

1897 年　長女愛琳出生。

1902 年　成功提煉出鐳。

1903 年　獲得博士學位，同年與皮耶同獲諾貝爾物理獎。

1904 年　次女伊芙出生。

1906 年　皮耶為馬車所撞，意外傷亡。

1911 年　榮獲諾貝爾化學獎。

1913 年　回祖國波蘭。

1916 年　第一次世界大戰期間，將車子改裝，帶著鐳及有關設備前
　　　　往前線治療傷兵。

1918 年　第一次世界大戰結束，波蘭獨立。

1921 年　前往美國演講。

1934 年　因血癌去世。

1935 年　長女愛琳與女婿榮獲諾貝爾化學獎。

世紀人物100

# 獻給孩子們的禮物

世界上最幸福的莫過於是

從小有書為伴、與愛同行的孩子，

而從小養成的閱讀習慣，

將成為孩子一生中最珍貴的寶藏。

　　由知名作家簡宛女士主編，邀請國內外在兒童文學領域辛勤耕耘的作家，共同編寫一百位中外世紀人物的故事，所錄傳主包括在政治、美術、音樂、文學、宗教、科學、哲學……各領域學有專精並有所貢獻的人物。

「世紀人物100」是三民書局獻給孩子們最好的禮物！

## 在經典故事中成長

### 有圖、有料、有意思
#### ——一生不可不讀的三十本經典

唐三藏西天取經、魯智深大鬧桃花村、
諸葛亮草船借箭、牛郎織女鵲橋相見……
過去，我們讀這些故事長大
現在，我們讓這些故事陪孩子一起長大
豐富的文化應該被傳承，傳統的經典需要有新意
小說新賞，讓經典再現——

**全系列
共三十冊**

🐢 導讀簡明，掌握故事緣起
🐢 內容生動，融合古典新意
🐢 插圖精美，呈現具體情境
🐢 經典新編，富含文學性質

---

國家圖書館出版品預行編目資料

科學界的明珠：居禮夫人／石家興,簡宛著;李詩鵬繪.
－－初版四刷.－－臺北市：三民，2020
　　面；　　公分.－－(兒童文學叢書／世紀人物100)

　　ISBN 978－957－14－4772－8　（平裝）
　　1.居禮(Curie, Marie, 1867-1934) 2.傳記 3. 通俗作品

784.28　　　　　　　　　　　　　　　96009999

世紀人物 100

# 科學界的明珠──居禮夫人

| 作　　者 | 石家興　簡　宛 |
| 主　　編 | 簡　宛 |
| 繪　　者 | 李詩鵬 |

| 發 行 人 | 劉振強 |
| 出 版 者 | 三民書局股份有限公司 |
| 地　　址 | 臺北市復興北路 386 號 ( 復北門市 ) |
|  | 臺北市重慶南路一段 61 號 ( 重南門市 ) |
| 電　　話 | (02)25006600 |
| 網　　址 | 三民網路書店 https://www.sanmin.com.tw |

| 出版日期 | 初版四刷 2020 年 12 月 |
| 書籍編號 | S781990 |
| I S B N | 978-957-14-4772-8 |